名家小史

【图文版】

中国书史

查猛济 陈彬苏 著

文藝字

祖丁彝銘

右祖丁彝銘藏蔡肇天啓舍人家呂氏考古圖載李氏錄云祖丁者商之十四世帝祖丁也余桼夏商時人淳質皆以甲乙為號今世人家所藏彝器銘文如此類甚衆未必帝祖丁也李氏名公麟字伯時父有古器圖一卷行於世云

古器物銘第二

父癸彝銘

右父癸彝銘藏穎昌韓氏蓋底皆有銘凡商器款識多

金石錄 卷十一 二 雅雨堂

山東畫報出版社

图书在版编目(CIP)数据

中国书史/查猛济,陈彬苏著. —济南:山东画报出版社,2018. 5

(名家小史丛书)

ISBN 978-7-5474-2720-0

Ⅰ. ①中… Ⅱ. ①查… ②陈… Ⅲ. ①图书史-中国-古代 Ⅳ. ①G256. 1

中国版本图书馆 CIP 数据核字(2018)第 077569 号

中国书史

查猛济　陈彬苏　著

责任编辑　布吉帅

装帧设计　李　娜

出 版 人　李文波

主管部门　山东出版传媒股份有限公司

出版发行　山東畫報出版社

社　址　济南市英雄山路 189 号 B 座　邮编　250002

电　话　总编室(0531)82098472

市场部(0531)82098479　82098476(传真)

网　址　http://www.hbcbs.com.cn

电子信箱　hbcb@sdpress.com.cn

印　刷　山东润声印务有限公司

规　格　210 毫米×145 毫米

7. 5 印张　101 幅图　94 千字

版　次　2019 年 2 月第 1 版

印　次　2022 年 1 月第 2 次印刷

印　数　1-6000 册

书　号　ISBN 978-7-5474-2720-0

定　价　29. 80 元

如有印装质量问题,请与出版社总编室联系更换。

建议图书分类:图书史

名家撰小史 神笔写春秋

百余年前，国运衰微，列强环伺，中华民族到了生死存亡的关头。在这种情势下，从“闭关锁国”到“睁眼看世界”，许多有识之士怀抱“借西方文明之学术以改良东方之文化，必可使此老大帝国，一变而为少年新中国”（容闳语）的理想，开始正视西学，有意识且积极全面地向西方学习，将之视为可与“中学”对等的学术思想，探讨二者之优点并有机结合以帮助国家富强。

随着新式学堂的创办，留学教育的方兴未艾，“西学东渐”的客观态势业已形成，西方学术思想在中国这块古老的东方大地上得到广泛传播，同时推动了各个学科领域的蓬勃发展。尤其是以新文化运动为起点的，以宣传民主和科学为核心的思想潮流蓬勃兴起，先进的知识分子在这场运动中，受到了新思想的洗礼。思想长期被禁锢的国人得到彻底解放，思想观念得到更新。中国进入一个崭新的时代——思想学术的新时代。在这场划时代的思想变革中，涌现了一批声名遐迩、学贯中西的大师级的学者。这些学者以全新的理论工具和严谨治学的态度，对传统文化加以梳理和重新阐释，为现代学术奠定了基础，取得了令人瞩目的成就。

“温故而知新，述往事而思来者。”我们出版这套丛书的意义和指归，正在于此。重印昔贤经典，接续学术传统，亦是今日出版人义不容辞的责任。缘此，我们从浩瀚如烟的民国学术经典中遴选100部篇幅较小、雅俗共赏的史学名篇，取名《名家小史》，以丛书形式出版。这套丛书有一个共同之点，即作者都是世人所敬仰的学者，而各书均是写给普通读者的普及性读物。运笔举重若轻、文字洗练易懂，虽经岁月洗礼和时代考验，至今仍是声名远播、影响至深；是后人传承治学传统、接近经典的桥梁。

这套系列丛书，包含了哲学、伦理学、社会学、历史学、文字学（包括训诂学）、自然科学等多方面学科的发展史。这些著作，在让年轻一代读者享受备受尊敬的人文学术大师的文化成果的同时，也能感知中华民族五千年不屈不挠的精神和璀璨的文化内涵，增强民族文化、民族精神的自豪感、荣誉感、归属感和凝聚力。我们每一个中国人，都应该为自己生在中国倍感自豪，因为我们有着几千年的灿烂历史，我们的先人为我们创造了令人骄傲、无与伦比的文明篇章。

唐太宗李世民曾说：“以铜为镜，可以整衣冠；以史为镜，可以知兴替；以人为镜，可以明得失。”对于一个国家来说，历史是经验、教训，是过去的沉淀，是未来的导向；对于我们每一个人来说，历史是最好的老师。通过学习各种历史，不仅可以从中领悟到许多人生哲理，扩大知识面，增长见识，丰富头脑，亦可培养实事求是的态度，提高综合能力和综合素质。总之，学习历史可以让我们每一个人都终身受益，这一点是毋庸置疑的。

我们编辑出版这套《名家小史》，均采用民国时期的初版为底本，并进行了精心校订。校订时遵循以下几点原则：

1.将原书的繁体竖排，改为当今通行的简体横排；并对标点符号按现代汉语使用规范做了处理。

2.为了尊重作者及原著，对作者自有文风与习惯性行文遣词、概念术语，以及地名、译名等未做修改，皆仍其旧。

3.对原书中个别涉及原则性的文字，进行技术处理；同时对原书中一些因排印造成的讹误做了订正；如“日”“曰”，“己”“已”“巳”等。

限于学力和经验，编校过程中难免存在错讹疏漏之处，敬请广大方家、读者斧正！

《名家小史》丛书编辑委员会

目录

Contents

001　一　导　言

002　二　文字的创造

009　三　竹简时期的书册制度——商周

017　四　卷轴时期到雕版时期的书册制度
——秦汉隋唐五代

029　五　宋代刻书的题识

035　六　宋代刻书的发达

080　七　宋代刻书的特征

116　八　宋代刻书本的缺点

119　九　宋代藏书家的历史

130　十　元代刻书的中兴

153　十一　元代刻书的优点

157　十二　元代藏书的专家

163　十三　明代藩府刻书的发达
168　十四　明刻的精品
175　十五　明代的私刻和坊刻
192　十六　明代的刻书的陋弊
195　十七　明代的私家藏书
200　十八　清代《四库全书》的价值
206　十九　清代藏书家的刻书
220　二十　清代藏书家的盛况
224　附录

一
导　言

凡是一种成为“史”的东西，必须具有两个条件：在横的方面，至少应该和其他的别种事实有多少联带的关系；在纵的方面，至少也应该为前事实一部分的结果，或为后事实一部分的原因，所以凡是某种偶发的、孤立的、断灭的事实，决不能属于“史”的范围以内。根据了这种的原则来论“史”，那么在今日要编一部中国的“书史”，确乎是不但“任重而道远”，并且觉得很难于着手。因为在发见书册以前的史料，已无从搜集起来；雕版盛行以后的史料，更烦琐得不堪整理。我们一方面虽然感到这部分工作的困难；一方面又感到学术界需要这部“书史”的迫切。于是把许多关于“书”的片断事实勉强联贯起来，使读者从事实和事实的中间得到一些“历史”的趣味。

二

文字的创造

要追寻“书”的起原，不得不先从文字的创造说起，可是这个题目，谈何容易！无论那一桩事，一追寻到“最初”，总要发生问题的，岂但文字！许慎《说文解字·序》说：“黄帝之史仓颉，见鸟兽蹏迒之迹，知分理之可相别异也，初造书契。”他断定造书的是仓颉，我们不能相信，但从“分理之可相别异”来确立文字的原则，却很可靠。倘必定要更确切地说文字的起源，也只能说和人们的“知分理之可相别异”同时发端。一般的人既以为有一个创造文字的人，那么现在不得不考证一下：

回答中国文字起原的问题的，最早要算是《易经·易系辞传》说：“上古结绳而治，后世圣人，易之以书契，百官以治，万民以察，盖取诸夬。”这不过笼统的说“后世圣人”，而并没有确定是那一个人，《汉书·艺文志》全是根据这个说法。

确定仓颉是最初造书的人，到先秦才发见这类的话，譬如《荀子·解蔽篇》说：“好书者众矣，而仓颉独传者一也。”

《韩非子·五蠹篇》说："仓颉之作书也，自环者谓之私，背私者谓之公。"《吕氏春秋·君守篇》说"仓颉造书"，都是很显著的。

还有人以为仓颉是黄帝的史官，这说出于《说文解字·序》。《序》说："古者庖牺氏之王天下也，仰则观象于天，俯则观法于地；观鸟兽之文，与地之宜。近取诸身，远取诸物；于是始作易八卦，以垂宪象。及神农氏，结绳为治，而统其事。庶业其繁，饰伪萌生，黄帝之史仓颉，见鸟兽蹏迒之迹，知分理之可别异也，初造书契。百工以乂，万民以察，盖取诸夬。夬扬于王庭，言文者，宣教明化于王者朝廷，君子所以施禄及下，居德则忌也。"这说也出于《易·系辞》，不过连引伏羲、神农，又确定仓颉是最初造字的人，和《汉志》有些不同罢了。

仓　颉

选自从清道光十年（1830）刊本《古圣贤像传略》

最奇怪的，《尚书·伪孔安国传序》竟把伏羲当作造字的人，他说："古者伏羲氏之王天下也，始画八卦。造书契，以代结绳之政，由是文籍生焉。伏羲、神农、黄帝之书谓之《三坟》，言大道也。少昊、颛顼、唐虞之书，谓之《五典》，言常道也。"和他家的说法更不同了。

伏羲造字一说，既是出于《伪孔》，近于附会，所以后人大多不敢相信，比较的还是相信文字始于黄帝的时候，仓颉做黄帝的史官那一说。但从严格的考据起来，这说的附会和前说也相差不远。汉朝学者所以决定文字始于黄帝，还是根据纬书“三皇无文”这句话。五帝的第一个就是黄帝，因此就拿黄帝来解释《易》所泛称的“后世圣人”，又附带说仓颉做黄帝的史官，这都是全凭理想的推测，并没有什么根据的。《周官·外史注》引《孝经纬》说：“三皇无文，五帝画象，三王肉刑。”《公羊》襄二十九年，《解诂》引《孝经说》说：“孔子曰：三皇设言民不违，五帝画象世顺机，三王肉刑揆渐加，应世黠巧奸伪多。”都是指文法而言，并不是文字。汉代学者根据了这一点，就说文字始于五帝，已经是附会得可笑，至于因此而抬出黄帝来填补《易》上的“后世圣人”，那未免太武断了。《书序疏》驳他说：“《系辞》先历说，伏羲、神农盖取，下乃云黄帝、尧、舜，垂衣裳而天下治，盖取诸乾坤，是黄帝、尧、舜之事也。又舟楫取涣，服牛取随，重门取豫，臼杵取小过，弧矢取睽，此五者时无所系，在黄帝、尧、舜时以否，皆可通也。至于宫室葬于书契，皆先言上古古者，乃言后世圣人易之，则别起事之端，不指黄帝尧舜时。”这种辩论，实在是很精当的。《序疏》说：“班固、马融、郑玄、王肃诸儒，皆以为文籍初自五帝。”又说：“司马迁、班固、韦诞、宋衷、傅玄皆云仓颉，黄帝之史官。”好似主张这说的人很多，并且这说的历史已非常长久。但是《路史》却辩驳他说："《管氏》《韩子》《国语》《史记》俱无史官之说，《世本》云：史皇、仓颉同阶。又云：沮诵、仓颉作书，亦未尝言为史官也。及韦诞、傅玄、皇甫谧等，遽以为黄帝史官，盖肇缪于宋衷。衷之《世本》注云：'仓颉、沮诵，黄帝史官。'抑不知衷何所据而云？末代儒流更望风交引，以为《世本》之言，《世本》曷尝有是哉？"这样看来，仓颉是黄帝的史官一说，不过是东汉后人的附会，在西汉是绝对没有的。现在从《路史》所引《春秋演孔图》《春秋元命苞》《河图玉版》《河图说征》《洛书说河》《春秋河图·揆命篇》这几种纬书上看来，都不承认仓颉是黄帝的史官。这类纬书的伪作，起于哀、平年间，尚且这样，我们也可知道黄帝史官一说，出来得很迟。先汉人的著作，如《淮南子·本经训》说："昔者仓颉作书，而天雨粟，鬼夜哭。"和《河图说征》所说"仓帝起天雨粟，青云扶日"相同。《修务训》说"史皇产而能书"，《隋巢子》里也有这类的话，都不曾提起史官。汉熹平六年所立《仓颉碑》说："天生德于大圣，四目重光，为百王作宪。"还和《演孔图》《元命苞》

黄　帝

选自明万历三十七年（1609）原刊本《三才图会》

所说“仓颉四目，是谓并明”相同。《书序疏》说：“崔瑗、曹植、蔡邕、索靖皆云：古之王也。徐声云：在神农、黄帝之间。谯周云：在炎帝之世。卫氏云：当于庖牺、仓帝之世。慎到云：在庖牺之前。张楫云：仓颉为帝王，生于禅通之纪。”可知东汉、魏晋时候的人，多是沿袭旧说。那么《许序》所指为俗儒鄙夫见《仓颉篇》而以为古帝作者，也并不是凭空而发。这样看来，“仓颉做黄帝的史官”“黄帝的时候始有文字”这类谬说，和“伏羲造字说”的错误有什么两样呢？

文字究竟是谁创造，实在是一个“不可知”的问题。文字这件东西，不过是借了符号来发表意志。这一点，什么人都做得到，当然不必要怎样了不得的人来干，也不能说干这回事的是哪一个。这种理论，在古代已经有过。例如《书序疏》说：“《阴阳书》称天老对黄帝云：凤皇首文曰德，背文曰义，翼文曰顺，膺文曰仁，腹文曰信。又《易·系辞》云：河出《图》，洛出《书》，圣人则之。是文字与天地并兴焉。”张怀瓘《书断》说：“万事皆始自渐微，至于昭著。道之昭兴，自然立应。前圣后圣，合矩同规。虽千万年，至理斯会，必然而出，岂在考其甲之与乙耶？道家相传，则有天皇、地皇、人皇之书，各数百言。其文犹在象如符印，而不传其音指。且戎狄异音各邈，会于文字，其指不殊。禽兽之情，悉应若是。观其趣向，不远于人，则知凡庶之流，有如草木鸟兽之类，或蕴文章。又霹雳之下，乃时有字；或锡贶之瑞，往往铭题。以古书考之，皆可识也，又岂学之于人乎？又详释典，或沙劫以前，或他方怪俗，云为事况，与即意无殊。是知天之妙道，施于万类一也，但感有浅深耳。岂必在乎羲、轩、周、孔将释老之教乎？”上面所引的《阴阳书》《山海经》这两部书，都不可靠。道家所传说的天皇、地皇、人皇这类字，更可断定他是伪造出来的。可是这两说以为文字出于自然，根据人类普遍的本能，不是一定要怎样了不得的人才能创造，却是非常合理的。所谓“霹雳之下”“锡贶之瑞”的话，并不是说天然界没有知觉的东西能够和人造的字相合，不过说人造的字，有时也要借自然的文来作为“他山之助”罢了。所谓自然的文，就是所谓“文理可相别异”的文。所以古代的文字，实在可以说是出于图画。

古代的书籍，普通都叫做志。《礼运》说：“孔子曰：大道之行也，与三代之英，丘未之逮也，而有志焉。”《庄子》说：“《春秋》经世，先王之志。”都是。“志”和“识”这两个字，古代是通用的。“识”和“帜”，实在是一个字。《檀弓》：“孔子之丧，公西赤为志焉。”“子张之丧，公明仪为志焉。”注都说：“志为章帜。”《左》宣十二年：“百官象物而动。”《疏》说：“百官尊卑不同，所建各有其物，像其所建之物而行动。”在帜的上面，都有所画的东西来做记号，所以凡有一姓起来，必定要另换徽号，刻石记识，也是这个道理。《书序疏》说：“依《易纬·通卦验》燧人在伏羲前。表计寘其刻曰：苍牙通灵昌之成，孔演命，明道经。郑玄注云：刻谓刻石而记识之。又《韩诗外传》：古封泰山、禅梁甫者万余人。仲尼观焉，不能尽识。又《管子书》：管仲对齐桓公曰：古之封泰山者七十二家，夷吾所识，十二而已。”这七十二家，谁能辨别他是文字或就是旗帜上面所画的东西？这样看来文字和图画的发端，都不外取象自然，也不能替他辨别时代的先后。许慎立象形字的定义，说："画成其物，随体诘屈。"这话可以拿来解释象形字，但也未尝不可以拿来解释图画。这一点，更加可以证明最早的文字和图画，没有什么区别。在现在看来，象形文字和图画，当然有很显著的不同，但要知这中间已经过不少的变迁。当最先画成一件东西的时候，无论如何，不能指出那种是文字，那种是图画。这样，我们也可以得到一个结论：文字的起源，就是图画的起源；图画的起源，就是在人类能够依照自然的文，根据着"分理之相别异"来做成记号的时候。倘一定要指出什么时，什么人，那是大可不必的。

三

竹简时期的书册制度——商周

当我要接着说到应用竹木这段历史的时候，便发生竹木究竟始自何时、创自何人的问题，这个问题的不能满意回答，正和考据文字创始的困难有同样的情形。但是这个时代的问题倘不解决，那么书的“有史时代”就无从确定。换一句话，就是这部“书史”也不能成立。照个人的推测，竹简的发生，倘不是和龟甲骨文同一个时候，那便是在龟甲骨文废止以后。如果我们相信王国维氏对于龟甲骨文的考证，就可以断定竹简的制度是起原于商周的时候。周代所用的书册，在经籍里看见的，大概有四种，现在分说如下：

（一）用“版”的

《周礼》：“小宰听闾里以版图”；“司书，掌邦中之版，土地之图”；“司会掌版图之贰”；“内宰掌书版图之法，以治王内之政令”；“大胥，掌学士之版”；“司士，掌群臣之版”；“司民，掌登万民之数，自生齿以上，皆书于版。”这都是说书册用“版”的话。

（二）用“方”的

《周礼》：“《内史》……王制禄则赞为之，以方出之”；“硩蔟氏，掌覆妖鸟之巢，以方书十月，十有二辰，十有二月，十有二岁，二十有八星之号，悬其巢上则去之。”这都是说书册用“方”的话。

（三）用“策”的

《内史》又说：“凡命诸侯，及孤卿大夫则策命之。”《左·僖二十八年传》说：“襄王使内史叔与父策命晋侯为侯伯。”《襄三十年·传》说：“郑命伯石为卿，三辞乃受策。”又《隐十一年传》说：“灭不告败，克不告胜，不书于策。”《襄二十年传》说：“宁殖云：名藏在诸侯之策。”这都是说书册用“策”的话。

（四）用“简”的

《王制》说：“太史典礼，执简记奉讳恶。”《左·襄二十五年传》说：“南史氏执简而往。”《毛诗·小雅·出车篇》：“畏此简书。”《传》说：“简书，戒命也，邻国有急，以简相告。”这都是说书册用“简”的话。

在周朝书册的名称，既有这几种，我们可再从字义上面研究它的性质。《硩蔟氏注》：“方，版也。”《内史注》：“杜子春云：方，直谓今时牍。”《说文》：“牍，书版也。”《论衡·量知篇》：“断本为椠，析之为版，力加刮削，乃成奏牍。”我们从上面这几段话里，可以得到一个很简单的归纳，就是：“方”“版”“牍”，都是用木做成的东西。

《论衡》又说：“截竹为筒，破以为牒，加笔墨之迹，乃成文字。”《说文》竹部用“牒”字来解释“简”字，“牒”“札”两字，又互相用来解释。在解释册字的时候，又说：“象其‘札’一长一短，中有二编之形。”在“𥬠”字的下面，又说：“古文册从竹。”段玉裁注说：“《左传》：‘备物典筴’，《释文》：‘筴本又作册，亦作策，或作𥬠。’按筴者，策之俗也。册者，正字也，策者，假借字也。𥬠者，𥬠之古文也。”从上面这许多话里，我们又可以得到一个归纳，就是：“简”“策”“牒”“札”，都是用竹做成的东西。

我们根据文字的形义，可以证明“方”“版”“牍”是一类，“简”“策”“牒”“札”是一类，综合说起来便叫做“方策”。

“方”“策”的不同，有的说是从字数的不同里分别出来的。例如《仪礼·聘礼记》说：“百名以上书于策，不及百名书于方。”《左传正义》说：“凡为书字，一行可尽者书于简，数行可尽者书于方，方所不容者乃书于策。”也有说“方”和“策”是从事实的不同里分别出来的，例如杜预《春秋左传序》说：“大事书于策，小事简牍而已。”又隐十一年《传》说：“凡诸侯有命告则书，不然则否。”《注》说：“承其为辞告命乃书之于策，若所传闻行言，非将君命则记在简牍而已，不得记于典策。”至于简策的长短，没有一定的制度，《聘礼》《左传序》两《正义》引郑玄注《论语序》说：“《易》《诗》《书》《礼》《乐》《春秋》，策皆二尺四寸，《孝经》谦半之，《论语》八寸，策三分居一，又谦焉。”《尚书正义》引顾氏说：“策长二尺四寸，简长一尺四寸。”束晳《穆天子传序》说：“以前所考定古尺度，其简二尺四寸。”《南史·王僧虔传》说：“有盗发冢，获竹简书简广数分，长二尺。”《江淹传》说：“以科斗文推之，则周宣王之简也。”这都是周代策书的制度。《汉书·杜周传》注：“孟康曰，以三尺竹简书法律。”但在《盐铁论》里又说：“二尺四寸之律，古今一也。”那么，可以知道周律和汉律的简，或者同是用二尺四寸，杜周、朱博不过举他大概的数目，说是三尺罢了。不过据王静安所考，有长二尺的，有长一尺五寸的，有长一尺的，有长五寸的，都是二十的分数。敦煌所出汉代属于书籍类的木简，如《急就篇》一尺五寸；而《相马经》《医方》等，却都只一尺；元康三年的《历书》长一尺五寸；而其余神爵三年、永光五年、永兴元年的《历书》，却又都只长一尺。照这样讲来，那么，秦以前和汉以后简册的长短，也有不同的地方。至于每简所容的字数，多少也不一定，据《汉书·艺文志》说：“刘向以中古文《尚书》。校欧阳、大小夏侯三家经文，《酒诰》脱简一，《召诰》脱简二。率简二十五字者，脱亦二十五字，简二十二字者，脱亦二十二字。”《仪礼·聘礼疏》说：“《郑注》：‘《尚书》三十字一简’之文。服虔注《左氏》云：‘古文篆书，一简八字。’”荀勗《穆天子传序》说：“一简四十字。”照这样说，有四十字的，有三十字的，有二十五字的，有二十二字的，有八字的，那容字多的，都是长二尺四寸的简，《左传》八字，或者就和《论语》所用的八寸简相同。但同是二尺四寸的简，最多的容到四十字，最少的只容二十二字，可见没有一定的了。敦煌所出的《急就篇》，以一章为一简，每章六十三字。有面背分作三行写，每行二十一字的；有分作两行写，一行三十二字，一行三十一字的。因为这是字书，所以写的整齐划一。据《汉书·艺文志》说：“汉兴，闾里书师合《仓颉》《爰历》《博学》三篇，断六十字以为一章，凡五十五章，并为《仓颉篇》。”字书是诵读的书，所以编辑时就有一定的字数，好依乐歌的分章一般，不能和其他的书籍一概而论的。

竹 简

竹简的大概，在上文已约略说过了。至于编简为册的方法，除了《说文》所说“中有二编”的话以外，还有蔡邕《独断》也说：“策，简也……其制长二尺，短者半之。其次一长一短，两编下附。”古代的册字，甲骨文作“卌”，钟鼎文作

“𠕋”，都像编简的形状。我们从这里也可以考见“二编”“两编”的话，是说把绳横贯许多竹简的上下，使许多竹简排比成功册子。他所编穿的东西，有用皮的，有用丝的。《史记·孔子世家》说：“孔子晚而喜《易》，读《易》，韦编三绝。”韦是熟皮，以熟皮为缕以编简，谓之“韦编”，这是用皮编成的。《太平御览》（六〇六）引刘向《别录》说：“孙子书以杀青简，编以缥丝绳。”荀勖《穆天子传序》说：“皆竹简，素丝纶。”《南史·王僧虔传》说：“楚王冢书青丝编。”这是用各种颜色丝编成的。至于治竹木的方法，在古书上，也约略可以考查出来。现在不妨再引上文所已经引过的《论衡·量知篇》。《量知篇》说：“夫竹生于山，木长于林，未知所入。截竹为筒，破以为牒，加笔墨之迹，乃成文字，大者为经，小者为传、记。断木为椠，析之为版，力加刮削，乃成奏牍。”又《风俗通》引刘向《别录》说：“杀青者，直治竹作简书之耳。新竹有汁，善朽蠹，凡作简者，皆于火上炙干之。陈楚间谓之汗，汗者，去其汁也。吴越曰杀，杀亦治也。”可见治竹比治木手续更为烦难。简册上的字，据叶焕彬所考，一种是刀刻，一种是漆书，而王静庵却以为：书刀不过用来削牍，并不是用来刻字，就是殷周时代的书，也

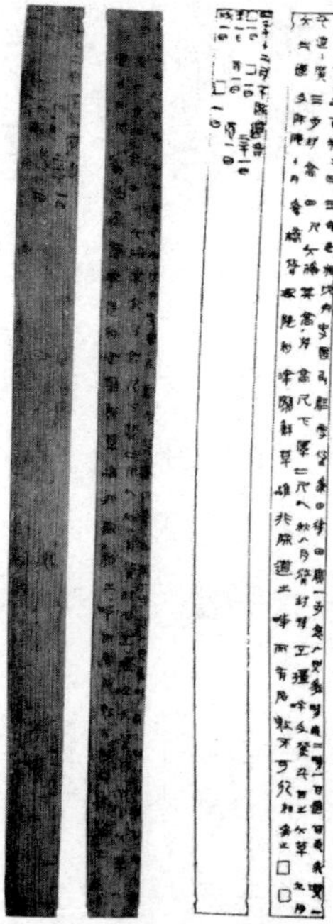

木　简

不是完全用刀刻的。——参考叶德辉的《书林清话》和王国维的《简牍检署考》——这两说，不知到底谁是可靠。但看《考工记》所称的“筑氏为削”，郑注说：“今之书刀。”《释名·释兵》说：“书刀，给书简札有所刊削之刀也。”刊削，是拿刀来削去错误的意思。《史记·孔子世家》说：“至于《春秋》，笔则笔，削则削。子夏之徒，不能赞一辞。”这是笔和削的解说。又如颜师古《汉书·礼乐志注》说：“削者，谓有所删去，以刀削简牍也；笔者，谓有所增益，以笔就而书也。”古人以刀和笔并称，和所谓笔削的是一个意思，并不是说拿刀来刻字。这样讲来，王国维的话似乎较叶德辉可靠一些。至于写字所用的材料，大概是拿漆来做墨。因为照进化的程序说，总是先用天然的材料，而后有比较进步的人工制造的材料。漆是木汁，不必经过什么发明，文字最初用漆写，也是很合理的事实。况且古人对于墨的东西都可称之为墨，不一定专指写字的“书墨”，也许书墨之称，是因袭黑色的旧名，和纸的因袭缣帛的旧名是一样的。但是《后汉书·杜林传》所说的“漆书《古文尚书》一卷”和《后汉书·儒林传》所说“贿改兰台漆书经字”，恐怕不是真的漆书，因为当后汉的时候，人造的书墨已经盛行，不应还有漆书了。这或者是古代名称不如后世之严，漆及一切黑色可称为墨，而真的墨书——人工所制——同时也可以因袭旧制而叫做漆书。

古代的书册，用竹木以外，还有用金玉的。譬如《逸周书·大聚篇》说：“周公旦陈营邑建都之制，别阴阳之利、水土之宜，命曰大聚，武王乃召昆吾冶而铭之金版，藏府而朔

玉版（侯马出土）

之。”《庄子·徐无鬼篇》：“女商曰，先生独何以说吾君乎？吾所以说吾君者，横说之则以《诗》《书》《礼》《乐》，从说之则以金版《六弢》。”《六弢》，就是《太公六韬》，这书大概也是冶金制成的。《左》昭六年传：“郑人铸刑书。”又二十九年传：“晋赵鞅、荀寅赋晋国一鼓铁，以铸刑鼎，铸范宣子所为刑书焉。”张衡《西京赋》说：“乃为金策，用锡此土。”金策也就是金版。《太公金匮》说：“屈一人之下，申万人之上。武王曰，请著金版。”《大戴·保傅》说：“素成胎教之道，书之玉版。”《素问》说：“著之玉版，每旦读之，名曰玉机。”大概在古时朝廷大典，圣贤大训，也有写在玉上，也有镂在金上，都叫做“版”，奉为楷式，所以《诗·祈招》说：“式如玉，式如金。”但这不过是特殊的，在寻常总是竹木居多。

四

卷轴时期到雕版时期的书册制度——秦汉隋唐五代

春秋以前，书籍都用竹策，这一点，在上文约略可以明白了。到了六国，情形渐有些不同了。《墨子》说：“书于竹帛，镂于金石。”《齐民要术》说：“范子曰，以丹书帛，致之枕中，以为国宝。”《论语》说：“子张书诸绅。”《史记》也说：“鲁仲连乃为书，约之矢以射城中。”又说：“高祖书帛射城上。”《汉书·艺文志》说：“《诗》遭秦而全者，以其讽诵，不专在竹帛故也。”这都是用帛的明证。或者在这个时候，思想发达到极点，私家著

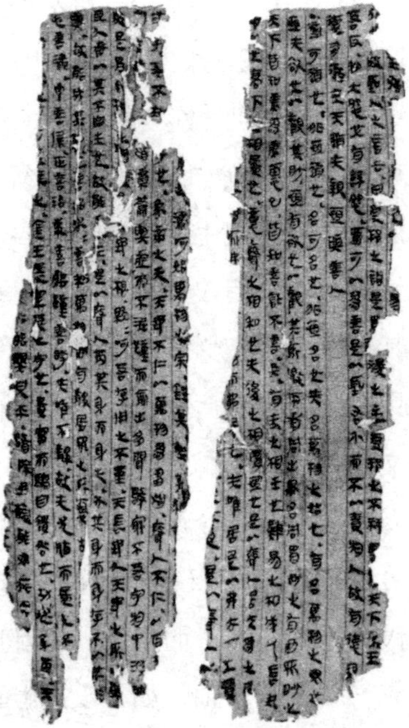

帛书（马王堆出土）

述，有自由发表的机会，单靠汗简来记载，觉得有些不够，因此“帛”便应运而起了。

“帛”的书，可以舒卷，不比竹简那样麻烦，所以卷子的名称，实在也跟着“帛”的应用而来。到了后汉时候的蔡伦，又发明用树肤、麻头和敝布、鱼网这类东西捣挫成纸。在蔡伦以前的所谓“纸”，不和现在的纸一样——例如成帝时的“赫蹏书”、贾逵“简纸”，都是指缣帛而言。《太平御览》引王隐《晋书》说：“魏太和六年，博士河间张揖，上《古今字诂》。其巾部，纸，今也其字从巾，古之素帛，依旧长短，随事截绢，枚数重沓，即名幡纸。字从糸，此形声也。后和帝元兴中，中常侍蔡伦，以故布捣挫作纸，故字从巾。是其声虽同，糸、巾为殊，不得言古纸为今纸。”这样看来，古代随事截帛，就叫做“幡纸”，而从纸字的形义方面看来——从糸——更可确定他是从缣帛得名，并且也含有平滑的意义。所以孟康注《汉书·外戚传》说：“染纸素令赤而书之，若今黄纸也。”《后汉书·蔡伦传》也说：“自古书契多编以竹简，其用缣帛者谓之纸。”就可知道古代缣帛又叫做纸。但现在所用的纸，直到后汉才发明出来。《大唐书仪》载李虔《续通俗文》，《太平御览》引《桓玄伪事》都说：“桓玄令曰，古者无纸故用简，今诸用简者，宜以黄纸代之。”我们从这段话，可以知道在后汉初有纸的时候，简帛和纸还是并用，到了晋代，才专用纸，而把简和帛都废去了。古代的书，大概以一篇成一编策一卷轴，如《汉志》说：“《春秋古经》十二篇。”就是把《左氏》经文，依十二公为十二篇。也有将好几篇合拢来成一编策一卷轴的，如《汉志》说：“经十一卷。”《班注》说：“《公羊》《穀梁》二家。”有人说，《公》《穀》的经把闵公附在庄公下面。《汉志》又说：“《尔雅》三卷二十篇。”可以知道篇卷过少的，也不妨合拢好几篇成一编策一卷轴。汉代卷子外面所裹的袱叫做袠。《说文解字》说：“袠，书衣也。”《后汉书·杨厚传》说：“祖父春卿善图谶学，为公孙述将。汉兵平蜀，春卿自杀，临命戒子统曰，吾绨袠中有先祖所传秘记，为汉家用，尔其修之。”《太平御览》六百六卷引宋谢灵运《书袠铭》说：“怀幽卷赜，戢妙抱密，用舍以道，舒卷不失，亮唯勤玩，无或暇逸。”又引梁昭明太子《咏书袠诗》说：“擢影兔园池，挺茎淇水侧。幸杂缃囊用，聊因班女织。”这是说拿竹来织成的，和《后汉书》所说的“绨袠”当然有些不同了。

古书的一袠，大概是五卷或十卷。晋葛洪《西京杂记》说：“刘子骏《汉书》一百卷无首尾，始甲终癸，为十袟，袟十卷，合为百卷。”梁《昭明太子集》前有梁简文帝序说：“凡二袟，二十卷。”《北堂书抄》引阮孝绪《七录》说：“大抵五卷以上为一袠。”《隋志》说：“《周易》一袠十卷。”陆德明《经典释文·叙录》：《毛诗故训传》二十卷。《郑氏笺》下接《马融注》十卷，云“无下袠”，大概所失去的就是后袠的十卷。唐魏徵《群书治要》五十卷，目录分五袠，也是以十卷作为一袠。《文选》三十卷，分上、中、下三帙，所以《考课令》有‘《文选》上帙七帖”的话。大概古代都以十卷作一帙，后人把年岁的六十、七十为六帙、七帙，也是根据了这个意思。宋代刻书，还是照这样分法，黄《记》宋咸平国子监专刻本《吴志》二十卷说："阅其目录牒文，自一卷至十卷分为上袟，十一卷至二十卷分为下袟。"不过《书法要录》载梁虞和《论书表》说："二王缣素珊瑚轴，二帙二十四卷，又纸书《飞白章草》二帙十五卷。"便以十卷、十二卷或七八卷为一袠，那又从本子的厚薄多少来随便斟酌了。

袠的材料，大概是用细帘一般的斑竹，再把薄的缯类衬在里边。《北堂书抄》引《晋中兴书》说："傅玄盛书，有素缣袠、布袠、绢袠。"《入蜀记》说："白乐天尝以文集留庐山草堂，屡散逸，宋真宗令崇文院写校，包以斑竹帙送寺。"那么袠的制度，大概可以知道了。至于纸张的大小，也可以推想得出的，如《文房四谱》说："晋令诸作纸，大纸一尺三分，长一尺八分，听参作广一尺四寸；小纸广九寸五分，长一尺四寸。"荀勗《穆天子传》说："谨以二尺黄纸写上。"而《尚书故实》却说："率以一丈二尺为轴。"那么一卷一轴的长短，也可以"不言而喻"了。

书本的用界画格，是含有简策的遗意。《大唐书仪》说："写以黄纸，界用铅栏。"《国史补》说："宋亳间有织成界道绢素，谓之乌丝栏、朱丝栏，又有茧纸。"《书史》说："黄素《黄庭经》是六朝人书，上下是乌丝织成栏，其间以朱墨界行。"《广川书跋》和岳倦翁《宝真齐法书赞》都说："唐许浑用乌丝栏书其诗为集。"可见这种样式是在用帛的时候开始。后代根据了这种的样式，就不论帛和纸都有乌丝栏的名目。所以《后汉书·襄楷传》说："初顺帝时琅邪宫崇诣阙，上其师干吉于曲阳泉水上所得神书百七十卷，皆缥白素朱介青首朱目，号《太平清领书》。”又《吴志·孙策传注》引《志林》说：“宫崇诣阙，上师于吉所得神书，于曲阳泉上，白素朱界，号《太平青领道》，凡百余卷。”现在流传的唐宋钞本，栏界多用铅画，大概用墨画栏，总有深浅浓薄的分别，一用了铅，就可免去这种不调匀的缺点。古代经典用的简策，是拿竹来做成的，而写上去的字是用漆和铅，或者用铅来画在方版上。倘有不妥当的地方，就用刀子来削去它，然后再把别的字从新写上去。《西京杂记》说：“扬子云好事，常怀铅提椠，从诸计吏，访殊方绝域四方之语。”《艺文类聚》引《东观汉记》说：“曹褒寝则怀铅笔，行则诵诗书。”《大唐书仪》也说：“界用铅栏。”可知用铅的历史，还在汉代以前，而用来画界大概也在六朝以前。《倭名类聚抄》引晋陆士衡《要览》说：“二王暮年，书胜于少，其缣素以珊瑚为轴，纸书以金为轴，次瑇瑁旃檀为轴。”《法书要录》载梁虞和《论书表》所说，大略也和这差不多。《隋志》说：“炀帝即位，秘阁之书，上品红琉璃轴，中品绀琉璃轴，下品漆轴。”《大唐六典》说：“其经库书，钿白牙轴，黄带红牙籤；史库目钿青牙轴，缥带绿牙籤；子库书，彫紫檀轴，紫带碧牙籤；集库书，绿牙轴，朱带白牙籤，以为分别。”《画史》说：“檀香辟湿气，画必用檀轴有益，开匣有香而无糊气，又辟蠹也。”照此看来，旧时装轴粘表的情形，也约略可以想见了。

卷子里边，还有背记、标记、识语等名目。因为古代的纸质坚致，表里都可书写，所以《抱朴子》所写，反面正面，翻来覆去都有字迹。《南史》说："沈云祯以反故抄写，即录注疏家诸说之及于经传者于纸背，为背记。又标字义句解，及经传异同于栏上下及行间，为标记。卷末记其钞读起止，及其书之所以自来为识语。"这也是古人注重传统的地方。总括说来，大概古代卷子的格式，用二尺黄纸写成，界栏用铅画，可以随便卷舒。《大唐书仪》说："隋时修文舒书写，卷末间一行留空纸，每一卷毕，记名空处"。延喜《式》载："凡写书者，发首留二行，卷末留一行空纸，然后题卷。"我们从这里综合起来，可以知道卷末大行前面间一行的地方，是预备填写钞录这书开始和终了的时候；发首留二行空纸，是含有古代"简策""赘策"的意思。汉晋以来的旧式大概是如此，而旧时的钞本差不多完全是这样了。到了后代，把卷末的识语，移来放在卷尾大题的后面，于是就将"特间一行"的原意失去了。至于卷末的空白，必定限于一行，实在是因为末尾多蠹蚀剥落的缘故，所以放在大题的前面。

狩谷卿云注《倭名类聚抄》说："至后废卷为册，虽卷首不留二行；然卷末隔一行，其意盖以发首二行为小题前二行。"这话颇有意思。也有人说："发首二行，盖记篇中子目。"那便有些靠不住了。要知道古书目录都退在末卷的尾处，况且古代拿一篇来成一篇策一卷轴，又何必等到有了目录才知道篇中的子目呢？

《经典释文》说："马融、卢植、郑康成注《三礼》，并大题在下。"《诗疏》也说："郑注《三礼》《周易》《中候》《尚书》，皆大名在下；孔安国、马季长、卢植、王肃之徒，其所注者莫不尽然。”要知道一简上面所容的字数，或三十字，或二十五字，或二十二字，或八字，本来没有一定的数目。一篇简所容的字数既这般地有限，所以一篇的简策，必定繁多得不堪，在这情形之下，不得不以一篇成一编策了。汉代像《周书》有七十一篇，所以分策的数目，也是七十一；《军礼司马》有百五十五篇，所以连篇的数目也是百五十五；最零碎的，像《诗》，便将《周南》《召南》类为一篇，所以简策的格式，但把他的小名题在上面，至于大名，却没有什么用处了。

古代一编策以外，还有两简叫做“赘策”的，放在首策的前面，而大名就写在这“赘策”上，这是经策连编的制度。后来简策废除，应用了帛纸，赘策的大名，就没有什么用处了；但也并不立刻削去，只加在小名的下面，隋代卷子的发首留二行，还是本着经策赘策的遗意。譬如《仪礼》题《士冠礼》，这是小名，在上面；“仪礼”这两个字，是大名，在下面；所以古书多称《士冠礼》，却很少提起礼的大名。这是什么缘故？这大名原不是题在策的里面。《隶释》载《熹平石经》残碑《八佾篇》说：“凡二十六章。”《阳货篇》末说：“二十六章。”《尧曰篇》末说：“凡二十篇万五千七百一〇字。”秘府卷子本《左氏传》每卷记他的字数，末卷尾又统计他的总数。从这点，可以知道古书的体例，每篇计他的章数字数，终篇又总计他的篇章和字数，也有两种的好处：一来可以把烂脱的地方，渐渐贯通起来；二来可以使师传的系统，不至无从稽考，不能说不是古人慎重的地方。所以《毛诗诂训传》，每篇必定要把几篇、几章、几句的数目一齐记录下来。赵岐《孟子题辞》说："著七篇，二百六十一章，三万四千六十一字。"许慎《说文解字·序》说："十四篇，五百四十部，九千三百五十二文，重一千一百二十三，解说凡十三万三千四百四十一字。"班固做《汉书·艺文志》，也每篇记录几家几篇，在卷的尾末，又拿来总计一下，大概左人的体式是这样的吧！到了后来，读书人的心力不能像前人那样的精密，根据了他偏狭的见解，便把这类的记载，看作繁芜琐碎的东西，常有记录了每篇的小数，便忽略了卷末的总数；记录了卷末的总数，便忽略了每篇的小数，不能像古人那样详细周到了。

卷子比竹简，虽似乎便利得多了。但当真要从一一卷书里边检查一桩事情的时候，必须将全卷细阅展舒，在手续上觉得有许多麻烦的地方。因此后代就把卷子叠折成功册子，先拿一张裱纸来两折一下，再把首尾概黏在裱纸上面，像宋椠藏经一般，而略为有些不同。从他翻飞的状态看来，宛转得像旋风一般，而两面仍不相离，又似囊子，所以也叫做"囊草子"。总之，这种制度，是从卷子变化出来的。《读书敏求记》说："周公谨云'焦达卿有吴彩鸾书《切韵》，相传彩鸾所书'。余从延陵季氏曾睹其真迹，与达卿所藏异，逐叶翻看，辗转至末仍合为一卷。"《墨庄漫录》说："旋风叶者，即此真旷代奇宝，因悟古人玉躞金题之义。"《退斋笔谈》有"宋哲宗以一旋风册子手自录次"的话；欧阳公《归田录》说："叶子格者，自唐中世以后有之。”有人说，因为创这格式的人姓叶，号叶子青，所以有这名称。这话是靠不住的。要知道唐代的藏书，都用卷轴，后来才有叶子，他的方法好似现在的策子，凡是有许多文字，要预备检用的，卷轴的卷舒，觉得有些儿不便，于是改用叶子钞写，像吴彩鸾《唐韵》、李郃《彩选》这类东西就是。骰子格本来预备检用，所以也用叶子来写成，因此就有这个名称。唐代一般士大夫在宴会场中，叶子格非常风行，五代国初还是这样，到了后代，便渐渐消灭了。现在世间虽或者还有这类格式，可是晓得的人却是很少。从前只有杨大年非常喜欢这类东西，仲偎之是大年门下的宾客，所以也学会了他的方法。大年又把叶子彩名叫红鹤、皂鹤的，另外创演成功一种鹤格。郑宣徽戬、章郇公得象都是大年门下的宾客，所以也都学会了他的方法。上面所说的吴彩鸾《唐韵》就是所装成的“旋风叶”，可是欧公却把他叫做“叶子”，这所谓“叶子”，就是指着“旋风叶”而说。又说“始于唐中世，今绝无知者。”那么，它的历史，也可从此推想了。

上面说的许多话，都是关于卷轴的式样以及从卷轴变迁出来的各种装订方法。但在卷轴流行的时代，刻版还没有发明，所以一切都出于手抄。《南史》：“齐衡阳王钧手自细书写五经部为一卷，置于巾箱中，以备遗忘，诸王闻而争效，为《巾箱五经》。”这就是一个例子。

书籍的雕板，大家以为是从冯道开始，实在不是这样。现在仔细考据，雕板的起原，还在隋代，到了唐代方才流行。五代的冯道，不过是监本的创始者，并不是到了他才有雕板。陆

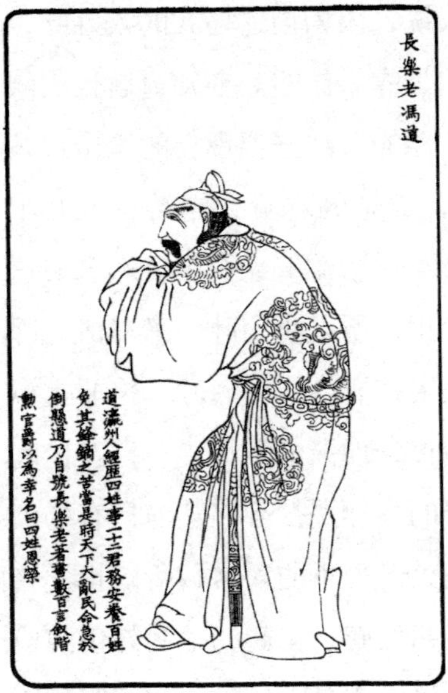

冯　道

选自清康熙三十三年（1694）刊本《无双谱》

深《河汾燕间录》说：“隋文帝开皇十三年十二月日，敕废像、遗经，悉令雕造。”《敦煌石室书录》说：“大隋《永陀罗尼本经》上面左有‘施主李和顺，一行，右有‘王文治雕板’一行，宋太平兴国五年，翻雕隋本。”费长房《历代三宝记》也说：“隋代已有雕本。”这样看来，可以证明中国的雕本实在是托始于隋代了。倘严格地追究起来，也可以说发源于汉代：在灵帝的时候，感到贿改漆书的弊端，到了熹平四年，就叫蔡邕写刻石经，立在鸣都门，颁布定本。当时摹撮的人，非常的多，颇有“颁诸天了，公诸同好”的意思，这和雕板已差不多了。范摅《云溪友议》说：“纥干尚书泉苦求龙虎之丹十五余稔，及镇江右，乃大延方术之士，作《刘宏传》，雕印数千本，以寄中朝。”唐柳玭《家训序》说：“中和三年癸卯夏，銮舆在蜀之三年也。余为中书舍人，旬休，阅书于重城之东南，其书多阴阳、杂记、占梦、相宅、九宫、五纬之流，又有字书小学，率雕板，印纸浸染不可晓。”这是唐有刻板书的明证。但在当时所刻印的，都不是经典四部和有用的书籍，所以人家也不十分提起他。宋朱翌《猗觉寮杂记》说："雕板文字，唐以前无之。唐末，益州始有墨板，后唐方镂《九经》，悉收人间所收经史，以镂板为正，见《两朝国史》。"朱氏的意思，也以为刻板始于唐代。再看唐元微之替白居易《长庆集》做序，有"缮写模勒，衒卖于市井"的话，司空图《一鸣集·九》载有《为东都敬爱寺讲律僧惠确化募雕刻律疏》的文字，那么，唐代刻板书的流行，还在僖宗以前，却不是一句武断的话。

雕板虽是起于唐代，而风行得最厉害的，要算是五代了。薛《五代史·唐书·明宗纪》说："长兴三年，二月辛未，中书奏请依石经文字，刻九经文字，从之。"又《汉书·隐帝纪》说："乾祐元年五月己酉朔，国子监奏：《周礼》《仪礼》《公羊》《穀梁》四经，未有印板，欲集学官考校雕造，从之。"宋王溥《五代会要》卷八《经籍》说："周广顺六年六月，尚书左丞，兼判国子监事田敏，进印板《九经书》《五经文字》《九经字样》各二部，一百三十册。显德二年二月，中书门下奏国子监祭酒尹拙状，称准敕校勘《经典释文》三十卷。雕造印板，欲请兵部尚书张昭、太常卿田敏同校勘，敕其《经典释文》已经本监官员校勘外，宜差张昭、田敏详校。"当五代的时候，干戈连接，年代短促，而国君和臣子们还能崇尚经典，刻板印行，确是一桩可以佩服的事情。在上的既这样提倡，在下的自然更兴高采烈了。所谓"上有好者，下必有甚"。在这个时候，还有一般士大夫，像《宋史·毋守素传》说："毋昭裔在成都，令门人勾中正、孙逢吉书《文选》《初学记》《白氏六帖》镂板，守素赍至中朝，行于世。"这是他对于文化上的贡献，永久不能泯灭的。至于自己雕刻集子的，像《薛史·和凝传》说：“平生为文章，长于短歌艳曲，尤好声誉，有集百卷。自篆于版，模印数百帙，分惠于人焉。”又贯休《禅月集》有王衍《乾德五年昙域后序》称：“检寻藁草及暗记忆者约一千首，雕刻成部。”可见这个时候，刻板已非常风行，并且举事又极容易，所以从公卿一直到方外的人们，都有能力雕刻他们自己的私集，流行得非常普遍。现在和凝所刻的，只有《宫词》《疑狱集》还流传在世间，而贯休《禅月集》却足足有二十卷传世，那便是有幸有不幸了。还有在这个时候所刻的书，从来没有听见藏书家收藏过，到了后代才发见出来的，像光绪庚子甘肃敦煌县鸣沙山石室，发见《唐韵》《切韵》两种，是五代细书，小板刊本，可惜被法人伯希和拿去，现在已为巴黎图书馆所有了。

五

宋代刻书的题识

中国的刻书事业，到了宋代，比从前更加精密，也可以说发达到极点了。这时刊刻的名目很多，从各书考查起来，大概有二十一种。现在我且分条举例在下面。

（一）雕

宋刊本杜佑《通典》二百卷，一百五、六、八、九卷末有盐官县雕，便是。见瞿镛《铁琴铜剑楼书》。

（二）新雕

这是要和旧板有分别而特立出来的名目。瞿《目》所称："校宋本《管子》二十四卷，每卷末有图记云，瞿源、蔡潜道墨宝堂新雕印。"便是。

（三）刊

瞿《目》所称："影宋钞本《作邑自箴》十卷，末有'淳熙己亥中元浙西提刑司刊'。"便是。

（四）新刊

也是为要和旧有别，而特立出来的名目。《天禄琳琊》三所称："庆元六祀，孟春，建安魏仲举家塾刻《新刊五百家注音辨昌黎先生文集》。"便是。

（五）开雕

黄丕烈《百宋一廛书录》所称："宋绍兴九年刻《文粹》一百卷，末有刊刻地名、年月、官衔，云临安府今重行开雕《唐文粹》。"便是。

（六）开板

张金吾《爱日精庐藏书志》和瞿《目》所称："影宋本《圣宋皇祐新乐图记》三卷，后有'皇祐五年，十月初三日，奉圣旨开板印造'二行。"便是。

（七）开造

陆心源《皕宋楼藏书志》所称："影宋本《建康实录》二十卷，后记江宁府嘉祐三年十一月开造《建康实录》，并案《三国志》《东西晋书》并《南北史》校勘，至嘉祐四年五月毕工。"便是。

（八）雕造

瞿《目》所称："影钞宋本《孙奭律》十二卷，《音义》

一卷，末有‘天圣七年，四月日准敕送崇文院雕造’一行。”便是。

（九）镂板

瞿《目》所称：“宋刊本《资治通鉴》二百九十四卷，元祐元年十月四日，奉圣旨下杭州镂板。”便是。

（一〇）锓板

瞿《目》所称：“影宋本《补汉兵志》一卷。有嘉定乙亥，门人王大昌跋，别行记云：大昌于是年九月锓板漕廨，益广其传。”便是。

（一一）锓木

瞿《目》所称：“宋刊本《汉隽》十卷，末有嘉定辛未赵时侃题记云：访求旧本，再锓木于郡斋。”便是。

（一二）锓梓

黄《书录》和丁丙《善本书室藏书志》所称：“宋刊本陆游《渭南文集》五十卷，游子遹跋云，锓梓溧阳学宫。”便是。

（一三）刻梓

《天禄琳琊》一所称：“宋廖氏世彩堂本《春秋经传集解》三十卷，卷末有印记，曰世彩廖氏刻梓家塾。”便是。

（一四）刻木

张《志》所称：“乾道丁亥会稽太守洪适刻王充《论衡》三十卷，云刻之木藏诸蓬莱阁。”便是。

（一五）刻板

黄《书录》所称：“宋刊本《产科备要》八卷，跋云：淳熙甲辰刻板南康郡斋。”便是。

（一六）镵木

杨绍和《楹书隅录》所称：“宋麻沙本《类编增广黄先生大全集》五十卷，有麻沙镇水南刘仲吉宅牌记云：不欲私藏，庸镵木以广其传。”便是。

（一七）绣梓

张《志》所称：“宋刊本赵汝愚《国朝诸臣奏议》一百五十卷。末有淳祐庚戌诸王孙希瀞跋云：属泮宫以绣诸梓。”便是。

（一八）模刻

阮氏文选楼仿刊宋《绘图列女传》卷八，末有白文墨地木印记说：“建安余氏模刻。”便是。

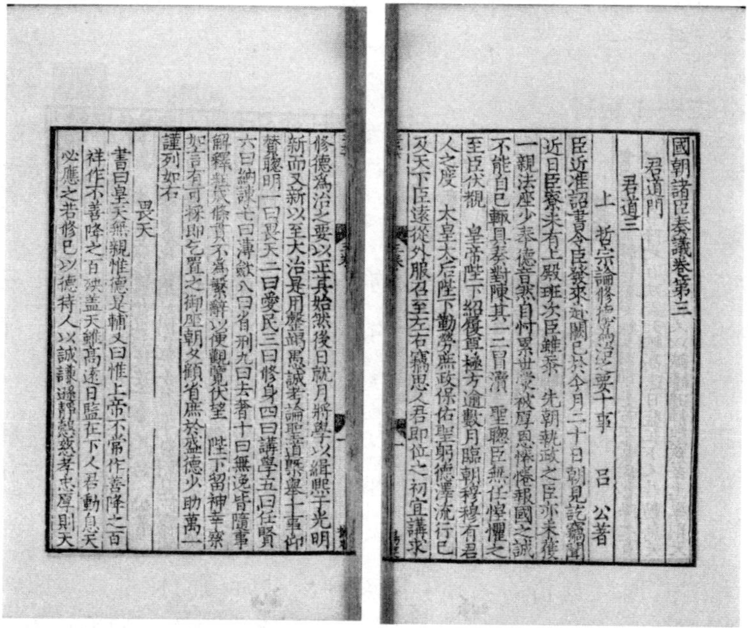

《国朝诸臣奏议》

宋赵汝愚编。《天禄琳琅》存目，故宫昭仁殿藏本卷首有：天禄继鉴、乾隆御览之宝印。

（一九）校刻

张《志》和钱大昕《竹汀日记钞》所称："宋蔡梦弼刻《史记》一百三十卷，《三皇本纪》后有'建溪蔡梦弼传卿校刻梓于东塾'。"便是。

（二〇）刊行

缪荃孙《艺风堂藏声记》所称："宋魏仲立刻本《新唐书》二百二十五卷，目后有牌子云：建安魏仲立宅刊行，士大夫幸详察之。”便是。

（二一）板行

瞿《目》所称：“校宋本《管子》二十四卷，卷终有图记二行云：瞿源、蔡潜道宅板行。”便是。

其余官书，有称做校勘的，有称做监雕的，有称做印造的；坊塾刻本，有称做校正的，有称做录正的，有称做印行的，都是刊刻前后的关系，一半也是因事立名，各有所本。唐末宋初常看见的，大多称为“镂板”，见《宋史·毋守素传》；或称做“雕版”，见唐柳玭《训序》；“印版”，见宋王溥《五代会要》。大概“镂版”“雕版”“印版”，都是在那时候通俗的名称。还有刊刻时所写的样本，又叫做“篆板”，见《五代史·和凝传》，印行的本子，又叫做“墨板”，见宋朱翌《猗觉寮杂记》，这都是风气使然的。

六

宋代刻书的发达

宋代的刻书，有出于官家的，有出于私家的，有出于书估的，有出于书肆的。现在我且拿来分别叙述一下。

（一）官家的刻书

宋代主要的官刻书，就是国子监本，历朝刻的经史子部，在诸家书目上看见的，差不多举不胜举。当时最注重的便是医书，像王叔和《脉经》《千金翼方》《金匮要略方》《补注本草》《图经本草》，这五种书，在绍圣元年，牒准奉圣旨开雕，到了三年刻成。当时所谓小字本，现在流传的，有《脉经》一种，见阮元《揅经室外集》。绍兴年间，重新刊印，仍就发给各州郡学，叫他

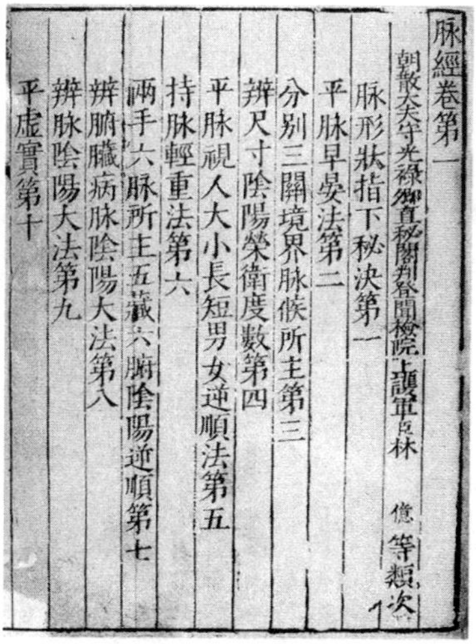
脉經卷第一
朝散大夫守光祿卿直秘閣判登聞檢院上護軍臣林 億 等類次
脉形狀指下秘決第一
平脉早晏法第二
分別三關境界脉候所主第三
辨尺寸陰陽榮衛度數第四
平脉視人大小長短男女逆順法第五
持脉輕重法第六
兩手六脉所主五藏六腑陰陽逆順第七
辨腑臟病脉陰陽大法第八
辨脉陰陽大法第九
平虛實第十

《脉经》（宋刊本）

们去发卖。当时刻书的慎重既是这样，而监款的充足，也可以相见。宋代对于文化的贡献，当然不是元明两代所可及了。除这以外，还有各处的刻书，我且把他分叙在下面：

（1）“崇文院本”，咸平三年，刻《吴志》三十卷，见黄丕烈《士礼居藏书题跋记》及陆《志》。天圣二年，刻《隋书》八十五卷，见陆《志》。天圣中，刻《齐民要术》十卷，见杨《志》。天圣七年，准敕雕造孙奭等《律文》十二卷，《音义》一卷，见阮《外集》和瞿《目》。宝元二年，刻贾昌朝《群经音辨》七卷，见彭元瑞有《知圣道斋读书跋尾》。

（2）“秘书监本”，元丰七年，赵彦若校刻张邱建《算经》三卷，唐王孝通《缉古算经》一卷，见《四库书目提要》。

（3）“德寿殿本”，刻刘球《隶韵》十卷，见阮《外集》。

（4）“左廓司局本”，淳熙三年，刻《春秋经传集解》

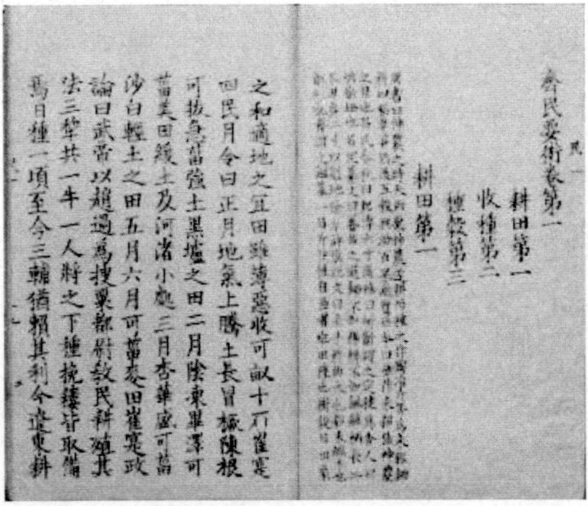

《齐民要术》（崇文院本）

三十卷，见《天禄琳琅后编》三和陈鳣《简庄随笔》。

（5）“两浙东路茶监司本”，熙宁二年，刻《外台秘要方》四十卷，见黄《书录》和陆《志》、陆《跋》。绍兴三年，刻《资治通鉴》二百九十四卷，见瞿《目》、丁《志》。刻扬雄《太玄经》十卷，见《四库书目提要》。绍兴丙辰，六年，刻《事类赋》三十卷，见杨守敬《留真谱》。无年号，刻《唐书》二百卷，见黄《书录》、瞿《目》。

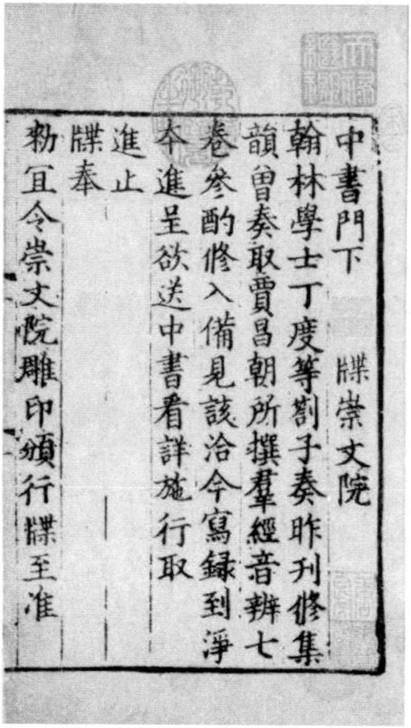
中書門下　牒崇文院
翰林學士丁度等劄子奏昨刋修集
韻曾奏取賈昌朝所撰羣經音辨七
卷參酌修入備見該洽今寫録到淨
本進呈欲送中書看詳施行取
進止
牒奉
勑宜令崇文院雕印頒行牒至准

《群经音辨》（崇文院本）

（6）“两浙西路茶盐司本”，绍兴辛未，二十一年，刻《临川王先生文集》一百卷，见瞿《目》和丁《志》。

（7）“两浙东路安抚使本”，乾道戊子，四年，洪适刻《元氏长庆集》六十卷，见陆《志》和丁《志》。

（8）“浙东庾司本”，无年号，刻桑世昌《兰亭考》十二卷，见瞿《目》。

（9）“浙右漕司本”，刘敏士刻刘牧《易数钩隐图》三卷，附《遗论九事》一卷，见《四库书目提要》。

（10）“浙西提刑司本”，淳熙己亥，六年，刻《作邑自箴》十卷，见瞿《目》和缪荃孙《艺风堂藏书续记》。

（11）“福建转运司本”，绍兴十七年，刻《太平圣惠方》一百卷，见丁《志》。

（12）“潼州转运使本”，淳熙乙巳，十二年，刻大字本《三国志》，见丰道生《真赏斋赋》。

（13）“建安漕司本”，绍兴癸酉，二十三年，黄访刻他父伯思的《东观余论》不分卷数，见傅沅叔增湘《藏书》。嘉定庚午，三年，刻黄伯思《东观余论》二卷，见孙星衍《平津馆鉴藏书籍记》。开庆改元汤汉，刻《西山先生真文忠公读书记甲集》三十七卷，《乙集》十六卷，《丁集》八卷，见陆《志》。

（14）“福建漕司本”，无年号，吴坚刻《胡子知言》一卷，《后录》一卷，见《天禄琳琅》六。《张子语录》三卷，《后录》二卷，《龟山先生语录》四卷，《后录》二卷，见瞿《目》。

（15）“淮南东路转运司本”，淳祐庚戌，十年，刻徐积《节孝先生文集》三十卷，见《天禄琳琅后编》六。

（16）“荆湖北路安抚使本”，绍兴十八年，刻《建康实录》二十卷，张《志》、杨《录》、陆《志》、丁《志》都见。

（17）“湖北茶盐司本”，庆元二年，修淳熙二年补刻绍熙茶盐提举司本《汉书》一百二十卷，见钱《日记》、陆《志》、陆《跋》。

（18）“广西漕司本”，绍圣三年，刻王叔和《脉经》十卷，见杨《志》。

（19）“江东仓台本”，淳熙庚子，七年，刻洪适《隶续》二卷，见《四库书目提要》。

（20）“江西计台本”，淳熙八年，钱佃刻《荀子·杨倞注》二十卷，见黄《书录》。

（21）“江西漕台本”，淳熙九年，尤袤刻荀悦《申鉴》一卷，见陆《志》。邱宗卿刻《吕氏家塾读诗记》三十二卷，见《天禄琳琅》二和瞿《目》。

（22）“淮南漕廨本”，嘉定乙亥，八年，王大昌刻钱文子《补汉兵志》一卷，见鲍廷博《知不足斋重刻本》。

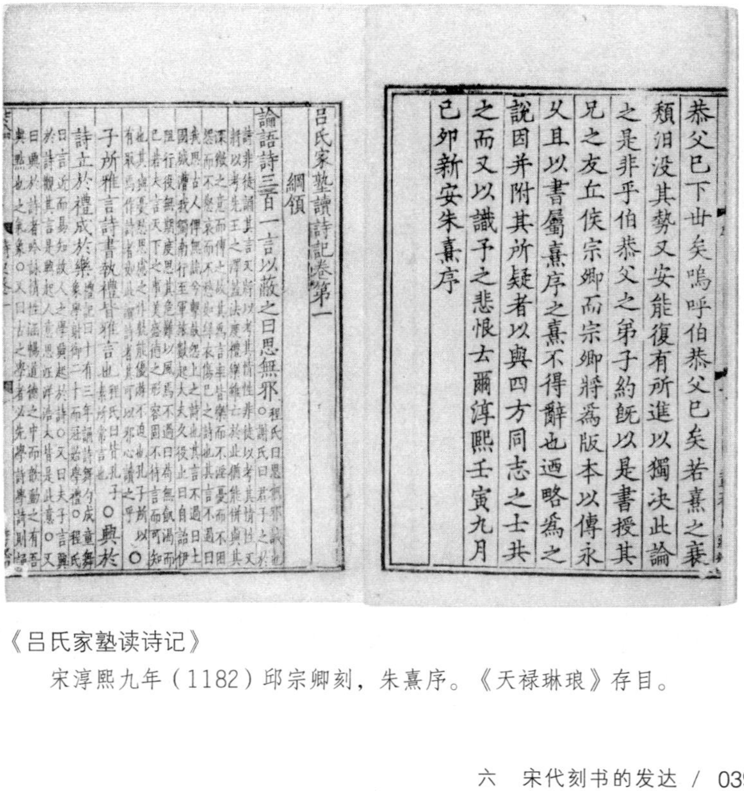
恭父已下世矣嗚呼伯恭父已矣若熹之衰頽汩没其勢又安能復有所進以獨决此論之是非乎伯恭父之弟子約旣以是書授其兄之友丘侯宗卿而宗卿將爲版本以傳永久且以書屬熹序之熹不得辭也迺略爲之說因并附其所疑者以與四方同志之士共之而又以識予之悲恨云爾淳熙壬寅九月己卯新安朱熹序

呂氏家塾讀詩記卷第一

綱領

論語詩三百一言以蔽之曰思無邪

《吕氏家塾读诗记》

宋淳熙九年（1182）邱宗卿刻，朱熹序。《天禄琳琅》存目。

（23）“广东漕司本”，宝庆乙酉，元年，刻《新刊校定集注杜诗》三十六卷，《天禄琳琅》三，黄《赋注》、黄《书录》、瞿《目》都见。

（24）“江东漕院本”，绍定辛卯，四年，赵善湘刻卫湜《礼记集说》一百六十卷，毛扆《汲古阁珍藏秘本书目》《四库书目提要》、丁《志》都见。

（25）“江西提刑司本”，嘉定壬申，五年，刻洪迈《容斋随笔》十六卷、《续笔》十六卷、《三笔》十六卷、《四笔》十六卷、《五笔》十卷，见陆《志》。

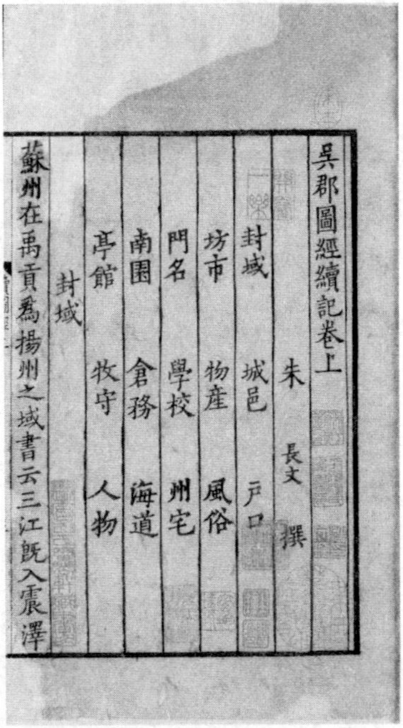
吳郡圖經續記卷上
朱長文撰
封域　城邑　戶口
坊市　物產　風俗
門名　學校　州宅
南園　倉務　海道
亭館　牧守　人物
封域
蘇州在禹貢爲揚州之域書云三江既入震澤

《吴郡图经续记》
宋朱长文撰，苏州公使库刻本。

（26）“公使库本”，元符改元，苏州公使库刻朱长文《吴郡图经续记》三卷，见黄《书录》。宣和四年，吉州公使库刻欧阳文忠《六一居士集》五十卷，又续刻五十卷，见《天禄琳琅》三。绍兴十九年，明州公库刻《骑省徐公集》三十卷，见张《志》和陆《志》。绍兴戊寅，二十八年，沅州公使库刻孔平仲《续世说》十二卷，见《阮外集》。淳熙三年，舒州公使库刻曾穜《大易粹言》十二卷，见《四库书目提要》和《天禄琳琅后编》二。淳熙四年，抚州公经库刻《礼记郑注》二十卷，见杨《录》。附《释文》四卷，见瞿《目》。淳熙七年，台州公使库刻《颜氏家训》七卷，见钱《日记》和黄《书录》。淳熙八年，台州公使库刻《荀子》二十卷，见森《志》。淳熙十年，钱州公使库刻李复《潏水集》十六卷，见丁《志》。淳熙十年，泉州公使库印书局刻司马太师《温国文正公传家集》八十卷，见瞿《目》和黄《记》。淳熙十四年，鄂州公使库刻《花间集》十卷，见杨《录》。

（27）“州军学本”，天圣七年，江阴军学刻《国语韦昭注》二十一卷、宋庠《国语音》三卷，见陆《志》和陆《跋》。绍兴十年，宣州军学刻梅圣俞《宛陵集》六十卷，见陆《志》。绍兴十七年，黄州州学刻王禹偁《小畜集》三十卷，见陆《志》。又婺州州学教授沈棐校刻苏洵《嘉祐集》十六卷，《四库书目提要》、瞿《目》、杨《录》、陆《跋》都见。绍兴二十一年，惠州军州学刻《眉山唐先生文集》三十卷，见陆《志》。绍兴壬申，二十二年，抚州州学刻谢薖《竹友集》十卷，见《四库书目提要》。绍兴二十七年，南剑州州学刻孙甫《唐史论断》三卷，见《四库书目提要》和《天禄琳琅后编》八。又庐州州学刻《孝肃包公奏议集》十卷，见张《志》和瞿《目》。乾道初元，建昌州学刻黄裳《演山集》六十卷，见《四库书目提要》和陆《志》。乾道二年，扬州州学教授汤修年刻沈括《梦溪笔谈》二十六卷，见陆《志》。乾道四年，兴化军学教授蒋邕校刻《蔡忠惠集》三十六卷，见《四库书目提要》。乾道七年，衢州军州学刻王溥《五代会要》三十卷，见陆《志》。邵武军学刻廖刚《高峰集》十二卷，见陆《志》。淳熙二年，抚州军学刻《谢幼槃集》十卷，见陆《志》。淳熙三年，泉州军州学刻沈与求《沈忠敏公龟溪集》十二卷，见陆《志》。淳熙辛丑，八年，泉州军州学刻程大昌《演繁露》六卷，见《天禄琳琅》二。又潭州州学刻贾谊《新书》十卷，见陆《志》。淳熙乙巳十二年，到丁未十四年，金州军州学刻《集韵》十卷，见森《志》和杨《志》。淳熙丙午，十三年，严州州学刻《唐柳先生集》四十五卷，《外集》一卷，《附录》一卷，见森《志》。又象州军州学刻慕容彦逢《摛文堂集》十五卷，见陆《志》。绍兴壬子，三年，高邮军学刻秦观《淮海集》四十九卷，见《天禄琳琅后编》七。

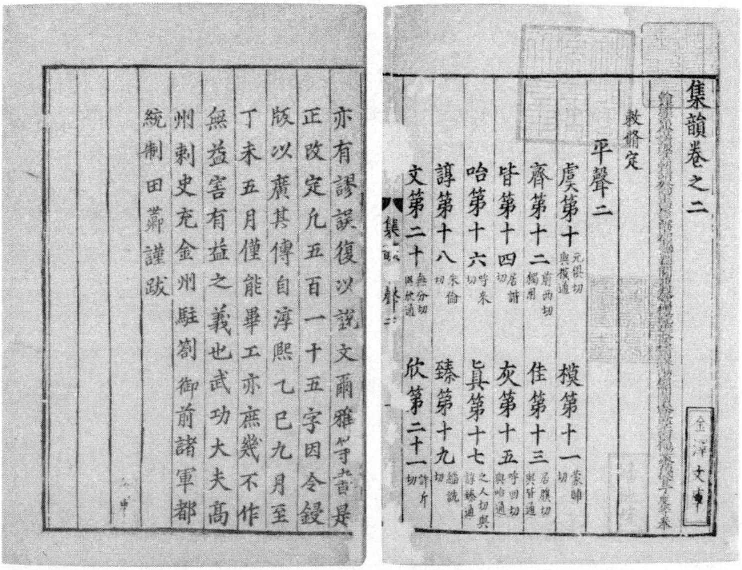
亦有謬誤復以說文爾雅等書是
正改定凡五百一十五字因令鋟
版以廣其傳自淳熙乙巳九月至
丁未五月僅能畢工亦庶幾不作
無益害有益之義也武功大夫高
州刺史充金州駐劄御前諸軍都
統制田蒍謹跋

集韻卷之二
敕脩定
平聲二
虞第十 元俱切 與模通　模第十一 蒙晡切
齊第十二 前西切 獨用　佳第十三 居膎切 與皆通
皆第十四 居諧切　灰第十五 呼回切 與咍通
咍第十六 呼來切　真第十七 之人切 與諄臻通
諄第十八 朱倫切　臻第十九 緇詵切
文第二十 無分切 與欣通　欣第二十一 許斤切

《集韵》十卷

宋丁度等奉敕撰，南宋淳熙间金州军刻本。

庆元庚申，六年，建昌军学南丰县主簿林宇冲刻《乐书》二百卷，见森《志》。嘉定改元，台州州学刻林师箴《天台前集》三卷，见陆《志》。嘉定壬申，五年，沈圻刻《范忠宣集》二十卷，见陆《志》和陆《续跋》。嘉定丙子，九年，兴国军学刻《春秋经传集解》三十卷，附陆德明《音义》五卷，闻人模《经传识异》三卷，《天禄琳琅》一，杨《志》、杨《谱》都见。嘉定甲申，十七年，武冈军军学刻《温国文正司马公文集》八十卷，见黄《记》。绍定癸巳，六年，临江军学刻朱文公校正《昌黎先生集》四十卷，《外集》十卷，《遗文》一卷，见《天禄琳琅后编》六。端平元年，临江军学刻张洽《春秋集注》十一卷，见《天禄琳琅后编》三。淳祐三年，袁州军学刻程公说《春秋分纪》九十卷，附《例要》，见陆《志》。开庆元年，福州州学刻《西山真文忠读书记甲集》三十六卷、《乙集下》二十卷、《丁集》八卷，见《四库书目提要》和陆《跋》。景定甲子，五年，淮安州学刻徐积《节孝先生集》三十卷，见《四库书目提要》和陆《志》。咸淳辛未，七年，邵武军学补修乾道七年，刻廖刚《高峰集》十二卷，见陆《志》。无年号，衢州州学刻《三国志》六十五卷，见陆《志》。赣州州学张之纲刻《文选》六十卷、《天禄琳琅》十，又《后编》七、瞿《目》、朱《目》、丁《志》、陆《志》都见。袁州军学萍乡主簿主管学事江泰，刻小字本《汉书》一百二十卷，见森《志》。

（28）“郡斋本”，嘉祐四年，姑苏郡斋王琪，刻《杜工部集》二十卷，附《补遗》，见陆《志》。宣和五年，春陵

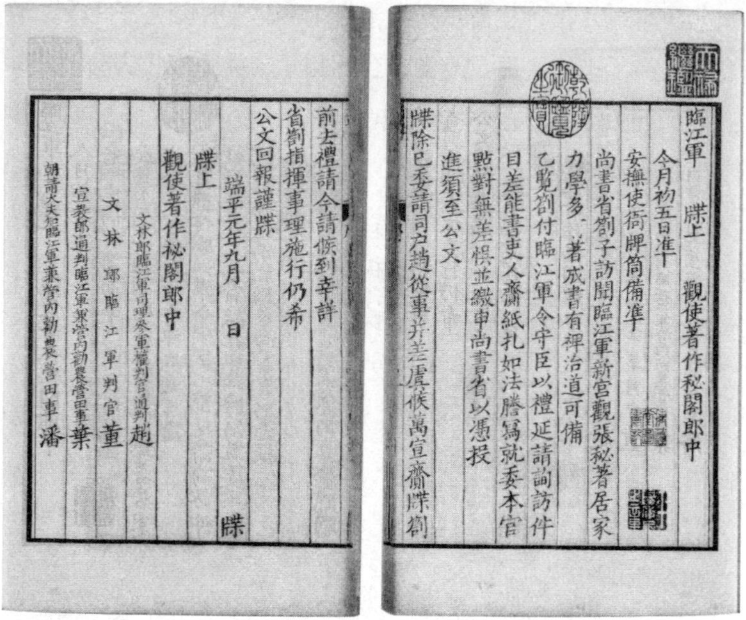
臨江軍　牒上　觀使著作秘閣郎中
今月初五日準
安撫使衙牌筒備準
尚書省劄子訪聞臨江軍新宮觀張秘著居家
力學多、著成書有裨治道可備
乙覧劄付臨江軍令守臣以禮延請詢訪件
目差能書吏人齎紙扎如法謄寫就委本官
點對無差悞並繳申尚書省以憑投
進須至公文
牒除已委請司户趙從事并差虞候萬宣齎牒劄
前去禮請令請候到幸詳
省劄指揮事理施行仍希
公文回報謹牒
端平元年九月　日　牒
牒上
觀使著作秘閣郎中
文林郎臨江軍司理參軍權判官通判趙
文林郎臨江軍判官董
宣教郎通判臨江軍兼管內勸農營田事葉
朝請大夫知臨江軍兼管內勸農營田事潘

《春秋集注》

宋张洽撰，宋刊本，首有“端平元年临江军牒”字。《天禄琳琅》存目，故宫昭仁殿藏本卷首有：天禄继鉴、乾隆御览之宝印。

郡斋刻《寇莱公诗集》三卷，见陆《志》。绍兴元年，会稽郡斋刻鲍彪《战国策》十卷，见《天禄琳琅》二。绍兴四年，高邮郡斋刻孙觉《春秋经解》十五卷，见陆《跋》。临川郡斋詹大和刻王安石《临川集》一百卷，见《四库书目提要》。绍兴二十八年，宣州郡斋楼炤刻《谢宣城集》五卷，见《天禄琳琅》三。绍兴三十一年，赣郡斋刻陈襄《古灵先生集》二十五卷，《年谱》一卷，《附录》一卷，见瞿《目》和陆《志》。隆兴二年，盱江郡斋刻郑侠《西塘集》二十卷，见陆《跋》。乾道二年，泉南郡斋刻《宋孔传六帖》二十卷，见《天禄琳琅后编》五。吴郡斋刻吕本中《东莱先生诗集》二十卷，见丁《志》。乾道三年，澂江郡斋刻《宣和奉使高丽图经》四十卷，见丁《志》。瀛山郡斋刻《增广注释音辨唐柳先生集》四十三卷，《别集》二卷，《外集》二卷，《附录》一卷，见《天禄琳琅》六和陆《志》。鄱阴郡斋刻《范文正公集》二十卷，《别集》四卷，《尺牍》二卷，见陆《志》。九江郡斋刻陈侠《西塘集》二十卷，见陆《志》。乾道六年刻《集验方》五卷，见瞿《目》和陆《志》。婺州郡斋李衡自刻《周易义海撮要》十二卷，见《四库书目提要》。乾道七年，姑熟郡斋刻《伤寒要旨》一卷，《药方》一卷，见黄丕烈《顾广圻百宋一廛赋注》。乾道八年，姑熟郡斋刻杨侃《两汉博闻》十二卷，瞿《目》、丁《志》都见。淳熙二年，建安郡斋韩元吉刻《大戴礼记》十三卷，见《天禄琳琅后编》二和丁《志》。淳熙三年，张杅守桐川，用蜀小字本《史记》改中字本重雕于广德郡斋，越二年，赵山甫莅郡，取褚少孙所续，别为一帙，到了八年，澄江耿秉始次其卷第，合而印之，陆《志》、陆《跋》、杨《录》都见。括苍郡斋刻刘安世《元城先生书言集》十三卷，见张《志》和陆《志》。淳熙六年，吴兴郡斋刻《魏郑公谏录》五卷，见瞿《目》。筠阳郡斋苏谢刻苏辙《栾城集》八十四卷，见《天禄琳琅》三。淳熙八年，池阳郡斋尤袤刻《文选李善注》六十卷，《考异》一卷，见陆《志》和瞿《目》。《文选双字》三卷，《昭明太子集》五卷，《天禄琳琅后编》六、陆《志》、丁《志》都见。淳熙十一年，南康郡斋朱端章自刻《卫生家宝产科备要》八卷，钱《日记》、黄

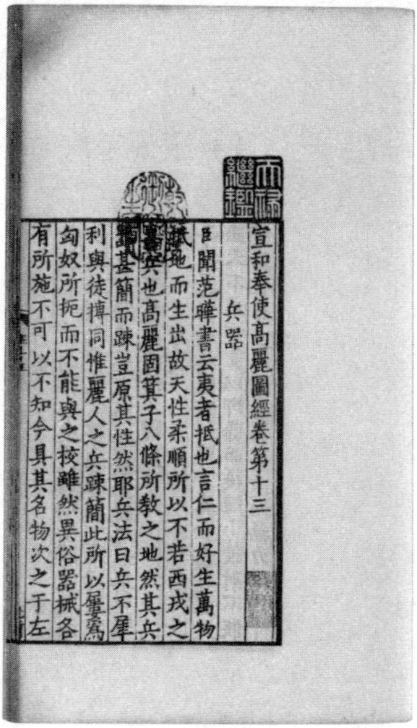

《宣和奉使高丽图经》

宋徐克撰，乾道三年(1167)，澂江郡斋刻本。《天禄琳琅》存目，故宫昭仁殿藏本卷首有：天禄继鉴、乾隆御览之宝印。

《赋注》、黄《书录》、瞿《目》、陆《志》都见。绍熙改元，襄阳郡斋吴琚刻《襄阳耆旧集》一卷，见张《志》和陆《志》。绍熙二年，会稽郡斋刻鲍彪《战国策校注》十卷，见瞿《目》。绍熙三年，邵阳郡斋胡澄刻贺铸《庆湖遗老诗集》九卷，《拾遗》一卷，《补遗》一卷，见张《志》。南康郡斋曾集刻《陶渊明集》一卷，见瞿《目》。绍熙四祺，高邮郡斋刻龙学孙公《春秋经解》十五卷，见陆《志》。庆元元年，邵阳郡斋黄沃刻其父公度《知稼翁集》十二卷，见陆《志》和缪《续记》。庆元丙辰，沔阳郡斋刻王璆《续添是斋百一选方》二十卷，见陆《志》。庆元三年，临汀郡斋刻陈襄《使辽语录》一卷，见陆《志》。庆元五年，全州郡斋陈虔英刻吴仁杰

《两汉刊误补遗》十卷，见《四库书目提要》。庆元六年，四明郡斋刻陈舜俞《都官集》十四卷，见陆《志》。浔阳郡斋刻《方言》十三卷，见陆《续志》。怀安郡斋刻《唐诗纪事》八十一卷，见《天禄琳琅》九。嘉泰元年，筠阳郡斋刻米芾《宝晋山林集拾遗》八卷，杨《录》、丁《志》、陆《志》都见。嘉泰四年，新安郡斋沈有开刻吕祖谦《皇朝文鉴》一百五十卷，张《志》、瞿《目》、陆《志》、陆《续跋》都见。开禧元年，南剑郡斋叶筠刻《石林春秋传》二十卷，见《浙录》。开禧二年，天台郡斋叶笺刻《石林奏议》十五卷，见黄《赋注》和黄《书录》。又新安郡斋赵彦卫自刻《云麓漫钞》十五卷，见陆《志》。嘉定元年，永嘉郡斋施拭刻陈傅良《止斋集》五十二卷，见陆《志》和丁《志》。嘉定三年，高邮郡斋汪纲刻陈旉《农书》三卷，秦观《蚕书》一卷，见《天禄琳琅》二。嘉定四年，宜春郡斋刻《唐摭言》十五卷，见丁《志》。□□郡斋刻林钺《汉隽》十卷，见瞿《目》。嘉定五年，永嘉郡斋刻陈傅良《止斋集》四十卷，张《志》、陆《志》、丁《志》。鄱阳郡斋重修乾道三年刻《范文正公集》二十卷，《别集》四卷，《尺牍》二卷，见陆《志》。嘉定六年，泉州郡斋刻《梁溪先生集》一百八十集，《附录》六卷，见陆《志》。舒州郡斋张嗣古修补，淳熙三年舒州公使库曾穜《大易粹言》十卷，见《四库书目提要》。□贡郡斋刻朱子《楚辞集注》八卷、《辨证》二卷，见瞿《目》。嘉定七年，真州郡斋刻陈旉《农书》三卷，秦观《蚕书》一卷，见陆《志》。嘉定十一年，衡阳郡斋刻胡致堂《读史管见》三十卷，见瞿《目》和陆《跋》。嘉定十三年，春陵郡斋刻张浚《紫岩易传》十卷，见陆《志》。嘉定十六年，新安郡斋刻叶适《习学记言》五十卷，见张《续志》。鄱阳郡斋、会稽郡斋合刻洪迈《唐人万首绝句》一百一卷，见《天禄琳琅后编》七。嘉定十七年，新安郡斋汪纲刻《吴越春秋》十卷，见张《志》。刻《越绝书》十五卷，张《志》、瞿《目》、陆《志》、陆《续跋》。宝庆二年，建安郡斋叶旹刻曾慥《类说》六十卷，见张《志》和陆《志》。宝庆三年，南剑州郡斋刻朱文公校《昌黎先生文集》四十卷、《外集》十卷、《集传》一卷、《遗文》一卷，见陆《志》。绍定元年，台州郡斋陆遹刻他父亲放翁所做的《老学庵笔记》见丁《志》。严州郡斋刻潘阆《逍遥词》一卷，见陆《志》。绍定二年，婺州郡斋刻吕本中《童蒙训》三卷，见瞿《目》。端平初元，新安郡斋重修，嘉定十五年补修嘉泰甲子沈有开刻《皇朝文鉴》一百五十卷，见陆《志》和陆《跋》。九江郡斋赵善镣自刻《自警编》不分卷，《天禄琳琅后编》五、陆《志》、陆《集》都

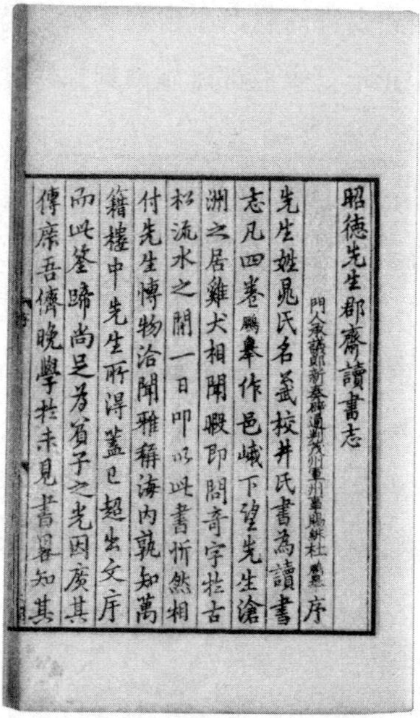
昭德先生郡齋讀書志
門人承議郎新差通判茂州軍州事賜緋杜鵬舉序
先生姓晁氏名公武校井氏書為讀書志凡四卷鵬舉作邑峨下望先生滄洲之居雞犬相聞暇即問奇字於古松流水之間一日叩以此書忻然相付先生博物洽聞雅稱海內孰知萬籍樓中先生所得蓋已超出文序而此筌蹄尚足為盲子之光因廣其傳庶吾儕晚學於未見書略知其

《郡斋读书志》

宋晁公武撰，淳祐三年（1243），衢州郡斋刻本。

见。淳祐三年，宜春郡斋程公许刻他哥哥公说的《春秋分纪》九十卷，见《四库书目提斋》和《天禄琳琅》一。淳祐九年，衢州郡斋游钧刻晁公武《郡斋读书志》二十卷，见丁《志》。又莆田郡斋刻刘克庄《后村居士集》五十卷，见陆《志》。淳祐十二年，当涂郡斋马光祖刻《四书章句集注》二十六卷，见瞿《目》。宝祐元年，庐陵郡斋刻杨仲良《皇朝通鉴纪事本末》一百五十卷，见阮《外集》和丁《志》。宝祐四年，临川郡斋谢采伯《密斋笔记》五卷、《续》一卷，见张《志》和陆《志》。宝祐五年，严陵郡斋刻袁枢《通鉴纪事本末》四十二卷，见瞿《目》。咸淳五年，崇阳郡斋刻张咏《乖崖先生文集》十二卷，见黄《赋注》和黄《书录》。咸淳六年，盱江郡斋黎靖德刻《朱子语类》一百四十卷，见《天禄琳琅后编》五和陆《志》。无年号，桐川郡斋曾槃自刻《绛帖释文》二卷，见瞿《目》。

（29）“郡庠本”，绍兴初元，泉南郡庠韩仲通刻《孔氏六帖》三十卷，见《天禄琳琅后编》五。绍兴戊午，八年，吴兴郡庠刻《新唐书纠谬》二十卷，见《天禄琳琅》二。绍兴庚辰，三十年，宜兴郡庠刻唐卢肇《文标集》三卷，见陆《志》。乾道改元，永州郡庠叶程刻唐柳宗元《柳州集》三十卷、《外集》一卷，见光绪五年李滨刻《外集跋》。乾道二年，扬州郡庠刻沈括《梦溪笔谈》二十六卷，见陆《续跋》。乾道三年，临汀郡庠刻晁说之《嵩山文集》二十卷，见陆《志》和丁《志》。福唐郡庠刻《汉书》一百二十卷，见丁《志》。乾道四年，温陵郡庠刻蔡襄《忠惠集》三十六卷，见《杨陆》。临汀郡庠刻《钱唐韦先生集》十八卷，张《志》、瞿《目》、陆《志》、陆《集》、丁《志》都见。乾道己丑，五年，临汝郡庠刻徐积《节孝语录》一卷，见陆《志》。乾道癸巳，九年，高邮郡庠刻秦观《淮海集》四十九卷，见《天禄琳琅后编》七。淳熙三年，蕲春郡庠刻王苹著作《王先生集》八卷，见陆《志》。淳熙壬寅，九年，泉州郡庠刻《潜虚》一卷，见《天禄琳琅后编》十。嘉泰改元，东宁郡庠刻龚颐正《芥隐笔记》一卷，见陆《志》。绍定戊子，元年，桐江郡庠刻《老学庵笔记》十卷，见瞿《目》。咸淳癸酉，九年，衢州郡庠赵淇刻《四书朱子集注》二十六卷，见《天禄琳琅》一。无年号，赣州郡庠陆壑刻他五世祖佃的《埤雅》二十卷，见丁《志》。

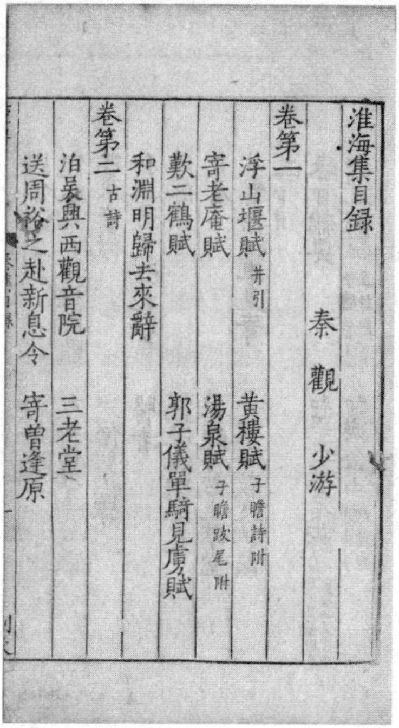
淮海集目錄
秦觀 少游
卷第一
浮山堰賦 并引　黄樓賦 子瞻詩附
寄老庵賦　湯泉賦 子瞻跋尾附
歎二鶴賦　郭子儀單騎見虜賦
和淵明歸去來辭
卷第二 古詩
泊吴興西觀音院　三老堂
送周裕之赴新息令　寄曾逢原

《淮海集》

宋秦观著，乾道九年（1173），高邮郡痒刻本。

（30）“郡府学本”，绍兴九年，临安府学刻贾昌朝《群经音辨》七卷，《天禄琳琅后编》三、彭《跋》、陆《志》、陆《续跋》都见。乾道六年，平江府学刻《韦苏州集》十卷，见《天禄琳琅后编》六。淳熙乙未，二年，严州府学刻袁枢

《通鉴纪事本末》二百九十卷，瞿《目》、陆《志》、陆《续跋》都见。淳熙丙辰，三年，安陆郡学刻郑獬《郧溪集》二十八卷，见瞿《目》。绍熙二年，池州郡学张釜刻他祖父纲的《华阳集》四十卷，见张《志》。庆元五年，池阳郡学刻胡铨《忠简先生文选》九卷，见张《志》。端平元年，泉州府学刻真德秀《心经》一卷，见《四库书目提要》。咸淳元年，镇江府学教授李士忱刻《说苑》二十卷，见黄《记》和瞿《目》。宝祐四年，刻《建康实录》二十卷，陆《志》。

（31）“县斋本”，绍熙甲寅，五年，当涂县斋刻周渭《弹冠必用集》一卷，见瞿《目》。嘉定乙亥，八年，六峰县斋刘昌诗自刻《芦浦笔记》十卷，见张《志》。嘉定辛巳，十四年，高安县斋刻范祖禹《帝学》八卷，见《天禄琳琅后编》五。端平改元，大庾县斋赵时棣刻真德秀《政经》一卷，见陆《志》和陆《跋》。淳祐壬子，十二年，建阳县斋刻晦庵先生《朱文公易说》二十三卷，见瞿《目》。咸淳丁卯，三年，湘阴县斋向文龙刻《朱子楚辞集注》八卷，见《天禄琳琅》

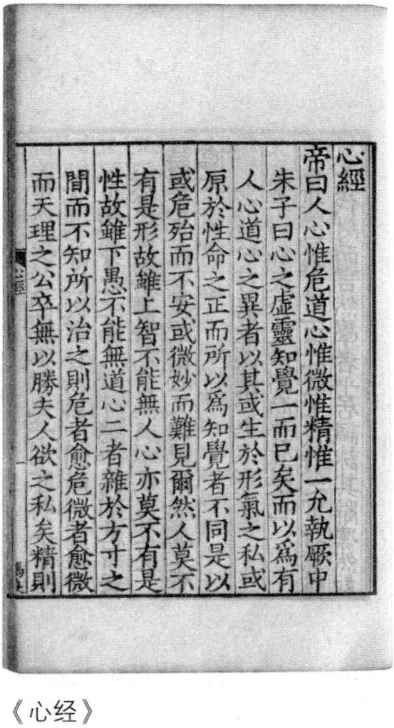

心經

帝曰人心惟危道心惟微惟精惟一允執厥中

朱子曰心之虛靈知覺一而已矣而以爲有人心道心之異者以其或生於形氣之私或原於性命之正而所以爲知覺者不同是以或危殆而不安或微妙而難見爾然人莫不有是形故雖上智不能無人心亦莫不有是性故雖下愚不能無道心二者雜於方寸之間而不知所以治之則危者愈危微者愈微而天理之公卒無以勝夫人欲之私矣精則

《心经》

宋真德秀著，宋端平元年泉州府学刻。

三。咸淳己巳，五年，崇阳县斋伊赓刻《乖崖先生文集》十二卷，《附录》一卷，见杨《录》。

（32）“县学本”，绍兴十二年，汀州宁化县学刻《群经音辨》七卷，《天禄琳琅后编》三、彭《跋》、陆《续跋》都见。淳熙元年，黄岩县学刻张九成《横浦日新》一卷，见陆《志》。淳熙十年，象山县学刻林钺《汉隽》十卷，见《天禄琳琅后编》四。庆元六年，华亭县学刻晋二俊：《陆士衡集》十卷，《陆士衡集》十卷，陆《志》、陆《跋》、丁《志》都见。淳祐十一年，昆山县学刻《玉峰志》三卷，《续》一卷，见缪《记》。宝祐五年，永福县学刻徐自明《宋宰辅编年录》二十卷，张《志》、陆《志》、丁《志》都见。

（33）“学宫本”，淳熙四年，泉州学宫彭椿年刻程大昌《禹贡山川地理图》二卷，见丁《志》。嘉定庚午，三年，溧阳学宫刻陆游《渭南文集》五十卷，黄《赋注》、黄《书录》、丁《志》都见。绍定戊子，元年，桐江学宫刻《开元天宝遗事》二卷，见黄《记》和陆《志》。端平乙未，八年，富川学宫刻朱鉴《诗传遗说》六卷，见《四库书目提要》。淳祐甲辰，四年，衢州学宫刻杨伯岩《六帖补》二十卷，见瞿《目》。

（34）“頖宫本”，淳熙六年，潮州頖宫刻蔡节《论语集说》十卷，见《天禄琳琅》四。淳熙庚子，七年，舒州頖宫刻蔡邕《独断》三卷，见瞿《目》和陆《志》。咸淳丙寅，二年，鄞县頖宫刻《朱子读书法》四卷，见陆《志》。

（35）“学舍本”，嘉定壬申，五年，吴郡学舍刻吕祖谦《大事记》十二卷，《通释》三卷，《解题》十二卷，见《四库书目提要》和陆《志》。

（36）“大医局本”，嘉定丙午，刻《小儿卫生总微论方》二十卷，见丁《志》。

（37）“书院本”，绍定庚寅，三年，婺州丽泽书院重刻司马光《切韵指掌图》二卷，见陆《志》。无年号，刻吕祖谦《新唐书略》三十五卷，见范《目》。绍定四年，象山书院刻袁燮《絜斋家塾书钞》十二卷，见《四库书目提要》。淳祐丙午，六年，泳泽书院刻大字本朱子《四书集注》十九卷，见《浙录》和陈鳣《经籍跋文》。淳祐戊申，八年，龙溪书院刻陈淳《北溪集》五十卷、《外集》一卷，《四库书目提要》《浙录》、瞿《目》都见。宝祐五年，竹溪书院刻方岳《秋崖先生小藁》八十三卷，见丁《志》。景定甲子，五年，环溪书院刻《仁斋直指方论》二十六卷、《小儿方论》五卷、《伤寒类书活人总括》七卷、《医学真经》一卷，见森《志补遗》。咸淳元年，建宁府建安书院刻晦庵先生《朱文公文集》一百卷，《续集》十卷，《别集》十一卷，见陆

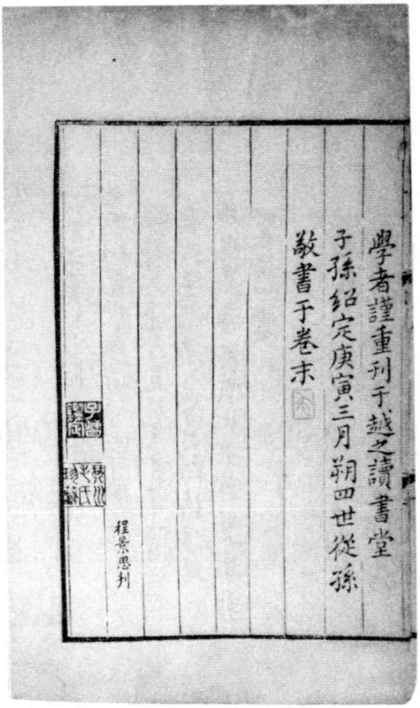

《切韵指掌图》（清光绪影印本）

宋司马光撰，宋理宗绍定三年（1230）婺州丽泽书院重刻。

《志》。无年号，鹭州书院刻《汉书》一百二十卷，见莫友芝《宋元旧本经眼录》。

（38）“祠堂本”，嘉定八年，金华吕氏祠堂刻吕本中《童蒙训》二卷，见《天禄琳琅》七。嘉定辛巳，十四年，严陵赵氏祠堂刻赵彦肃《复斋易说》六卷，见《天禄琳琅》四。

（39）“江宁府本”，嘉祐三年，开造《建康实录》二十卷，到四年五月完工，见陆《志》和莫《录》。

（40）“杭州本”，嘉祐五年，中书省奉旨下杭州，镂《新唐书》二百五十卷，见陆《跋》。元祐元年，杭州路奉旨刻《资治通鉴》二百九十四卷，见瞿《目》。绍兴己未，九年，刻《文粹》一百卷，黄《书录》、瞿《目》、丁《志》都见。

（41）“明州本”，绍兴十九年，刻《徐铉骑省集》三十卷，见陆《集》。二十八年，刻《文选》六十卷，见彭元瑞《有知圣道斋读书跋尾》。无年号，刻《九经排字直音前集》一卷，《后集》一卷，见陆《志集》。

（42）“温陵州本”，淳熙壬寅，九年，刻胡致堂《读史管见》八十卷，见丁《志》和陆《跋》。

（43）“绍兴府本”，绍兴九年，刻《毛诗正义》四十卷，见缪《续记》。嘉泰元年，刻《施宿会稽志》二十卷，见陆《志》。

（44）“临安府本”，绍兴九年，刻《群经音辨》七卷，见《天禄琳琅后编》三。刻《汉官仪》三卷，见《天禄琳琅后编》五和阮《外集》。刻《文粹》一百卷，黄《赋注》、黄

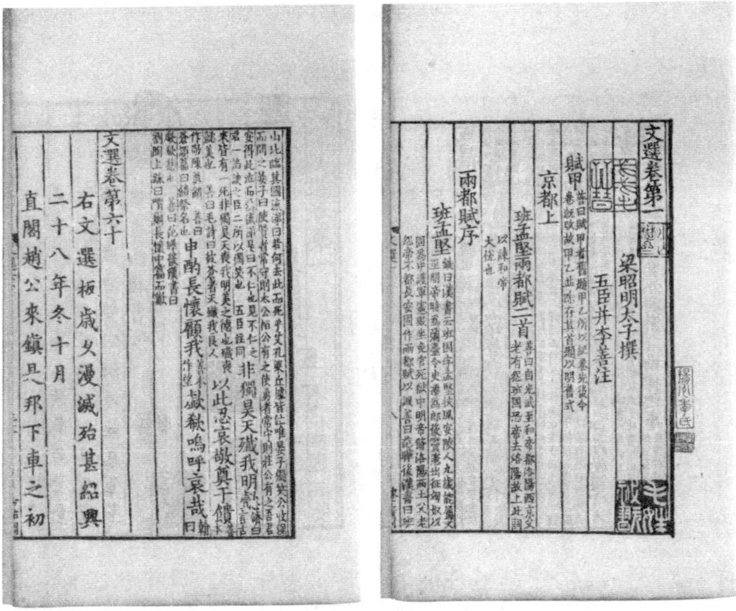

《文选》（六十卷）

梁昭明太子撰，宋绍兴二十八年明州刊本。

《书录》、丁《志》都见。十年，刻《西汉文类》五卷，见瞿《目》和张《志》。

（45）“平江府本”，绍兴十五年，刻李诫《营造法式》三十四卷，张《志》、陆《志》、陆《跋》都见。

（46）“严州本”，淳熙丙申三年，刻袁枢《通鉴纪事本末》四十二卷，见《四库书目提要》。

（47）“余姚县本”，绍兴二年，印造《资治通鉴》二百九十四卷，见孙《记》。

（48）“盐官县本”，无年号，刻《通典》二百卷，见瞿《目》。

（49）“眉山本”，绍兴十四年，刻《宋书》一百卷、《魏书》一百十四卷、《梁书》五十六卷、《南齐书》五十九卷、《北齐书》五十卷、《周书》五十卷、《陈书》三十六卷，见陆《续跋》，和邵注《四库简明目》。

（二）私家的刻书

宋代私家的刻本，名姓也非常繁多，在现在最著名的，要算是岳珂的相台家塾，刻《九经三传》；廖莹中的世彩堂，刻《五经》《韩柳集》，都是很有价值的。岳刻的书，到现在还存在的。《五经》有武英殿翻雕本，和各直省书局私宅重翻殿本，又有《论语何晏集解》附《音义》十卷，见《天禄琳琅后编》三。《孟子赵岐注》附《音义》十卷，见孔继涵《微波榭刻本跋》。廖刻的书，到现在还存在的，有《春秋经传集解》三十卷，见《天禄琳琅》。《论语》二十卷、《孟子》十四卷，见《后编》八。又有《韩昌黎集》四十卷、《外集》十卷，见莫《录》和丁《目》。《柳河东集》四十四卷、《外集》二卷、《龙城录》二卷、《附录》二卷，有明郭云鹏济美堂的翻刻本。我现在再将岳、廖两家以外的私家刻书，列举在下面：

（1）“蜀广都费氏进修堂”，刻《资治通鉴》二百九十四卷，见瞿《目》和陆《跋》。

（2）“临安进士孟琪”，宝元二年，刻姚铉《文粹》一百卷，见黄《书录》和丁《志》。

（3）“京台岳氏”，庆历六年，新雕《诗品》三卷，见瞿

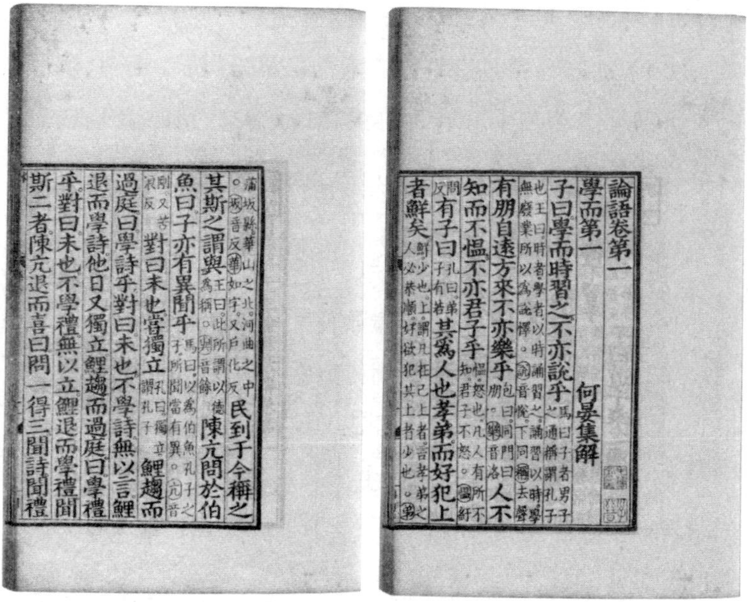
論語卷第一 何晏集解
學而第一
子曰學而時習之不亦說乎 有朋自遠方來不亦樂乎 人不知而不慍不亦君子乎 有子曰其爲人也孝弟而好犯上者鮮矣

民到于今稱之 其斯之謂與 陳亢問於伯魚曰子亦有異聞乎 對曰未也嘗獨立 鯉趨而過庭曰學詩乎對曰未也不學詩無以言鯉退而學詩他日又獨立鯉趨而過庭曰學禮乎對曰未也不學禮無以立鯉退而學禮聞斯二者陳亢退而喜曰問一得三聞詩聞禮

《论语集解》

《目》。

（4）“建邑王氏世翰堂”，嘉祐二年，刻《史记索隐》三十卷，见《天禄琳琅后编》。

（5）“建安蔡子文东塾”，治平丙午，三年，刻邵子《击壤集》十五卷，见杨《录》。

（6）“寇宅”，宣和元年，寇约刻他叔父宗奭的《本草衍义》二十卷，孙《记》、吴《记》、陆《续跋》、杨《谱》都见。

（7）“瞿源、蔡潜道宅墨宝堂”，绍兴壬申，二十二年，刻《管子》二十四卷，见黄《记》和瞿《目》。

（8）“清渭何通直宅黄卷堂”，绍兴乙亥，二十五年，刻

《汉隽》七册，见《天禄琳琅后编》十五。

（9）“麻沙镇水南刘仲吉宅”，绍兴庚辰，三十年，刻《新唐书》二百二十五卷，见钱《日记》。乾道端午刻《增广黄先生大全文集》五十卷，黄《记》、张《续志》、杨《录》。

（10）“麻沙镇南斋虞千里”，乾道己丑，五年，刻王先生《十七史蒙求》十六卷，见康熙庚寅程宗璜仿刻本。

（11）“建溪三峰蔡梦弼传家塾”，乾道七年，刻《史记》一百三十卷，见张《志》和钱《日记》。

（12）“吴兴施元之三衢坐啸斋”，乾道壬辰，八年，刻苏颂新《仪象法要》三卷，《四库书目提要》、张《志》、瞿《目》都见。

（13）“王抚幹宅”，乾道壬辰，八年，刻王灼《颐堂先生文集》五卷，见丁《志》和缪《续记》。

（14）“锦溪张监税宅”，淳熙改元，刻桓宽《盐铁论》十卷，见丁《目》和莫《录》。

（15）“武溪游孝穆德棻登俊斋”，淳熙丙申，三年，刻蜀本《三苏文粹》六十二卷，见《天禄琳琅后编》六。

（16）“廉台田家”，淳熙七年，刻台州公使库本《颜氏家训》七卷，黄《赋注》、黄《书录》、钱《记》。

（17）“吉州东冈刘宅梅溪书院”，淳熙丁未，十四年，刻王庭珪《卢溪先生集》五十卷，见丁《志》。

（18）“建安陈彦甫家塾”，庆元丙辰，二年，刻叶蕡《圣宋名贤四六丛珠》一百卷，见《陆志》。

（19）“梅山蔡建侯行父家塾”，庆元三年，刻《陆状元集百家注资治通鉴详节》一百二十卷，黄《赋注》、张《志》、陆《续志》、陆《续跋》都见。刻《李学士新注孙尚书尺牍》十六卷，见黄《记再续》和黄《书录》。

（20）“建安黄善夫宗仁家塾”，刻《史记正义》一百三十卷。庆元嗣元，刻《前汉书》一百二十卷，见森《志》。

（21）“建安刘元起家塾”，刻《后汉书》一百二十卷，黄《记》、黄《赋注》、黄《书录》、钱《日记》都见。

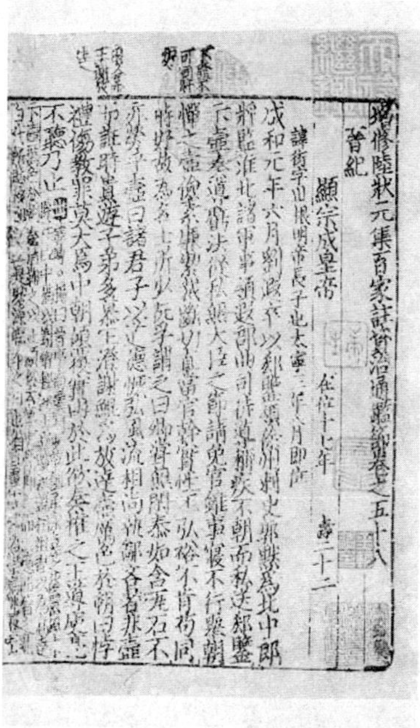

《陆状元集百家注资治通鉴详节》

宋陆唐老撰，《天禄琳琅》存目，故宫昭仁殿藏本卷首有：天禄继鉴、乾隆御览之宝印。

（22）“建安魏仲举家塾”，庆元六年，刻《新刊五百家注音辨昌黎先生文集》四十卷、《外集》十卷、《别集》一卷、《论语笔解》十卷、卷首《昌黎先生序传碑记》一卷、《看韩文纲目》一卷、《引用书目》一卷、《评论诂训音释诸儒名氏》一卷、《韩文类谱》七卷，后附《许渤序》《昌黎文集后序》五篇，《天禄琳琅》三、《四库书目提要》、丁《志》都见。又刻《新刊五百家注音辨唐柳先生文集》二十一卷、《附录》二卷、《外集》二卷、《新编外集》一卷、《龙城录》二卷，前载《柳文纲目》一卷，宋文安礼《柳先生年谱》一卷、《评论诂训诸儒名氏》一卷、《文集后序》五篇，也见《天禄琳琅》三和《四库书目提要》。

（23）“建安魏仲立宅”，刻《新唐书》二百二十五卷，见缪《记》。

（24）“建安刘日新宅”，开禧更元，刻王宗传《童溪易传》三十卷，见《天禄琳琅后编》二。

（25）“吉州周少传府”，嘉泰元年，刻《文苑英华》一千卷，见张《志》和陆《志》。

（26）“祝太傅宅”，嘉熙己亥，三年，刻祝穆《方舆胜览前集》四十三卷、《后集》七卷、《续集》二十卷、《拾遗》一卷，见孙《记》和丁《记》。

（27）“建宁府麻沙镇虞叔异宅”，刻《括异志》十卷，见瞿《目》。

（28）“秀岩山堂”，太岁丙辰仲夏，刻《增修互注礼部韵略》五卷，见《四库书目提要》。

（29）“建安刘叔刚宅”，刻《附释音礼记注疏》六十卷，见孙《记》。刻《附释音毛诗注疏》二十卷，见森《志》。

（30）“建安王懋甫桂堂”，刻宋人选《青赋笺》十卷，见《天禄琳琅》三。

（31）“建安曾氏家塾”，刻《文场资用分门近思录》二十卷，《后录》十四卷，见莫《录》。

（32）“建安虞氏家塾”，刻老子《道德经》四卷，见黄《书录》和瞿《目》。

（33）“眉山文中”，刻《淮海先生文集》二十六卷，见瞿《目》。

（34）“眉山程舍人宅”，刻《东都事略》一百三十卷，森《志》、陆《志》、陆《续跋》都见。

（35）“姑苏郑定”，刻《重校添注柳文》四十五卷，《外集》二卷，见瞿《目》和黄《记》。

（36）“钱唐王叔边”，家刻《汉书》一百二十卷，《后汉书》一百二十卷，见杨《录》。

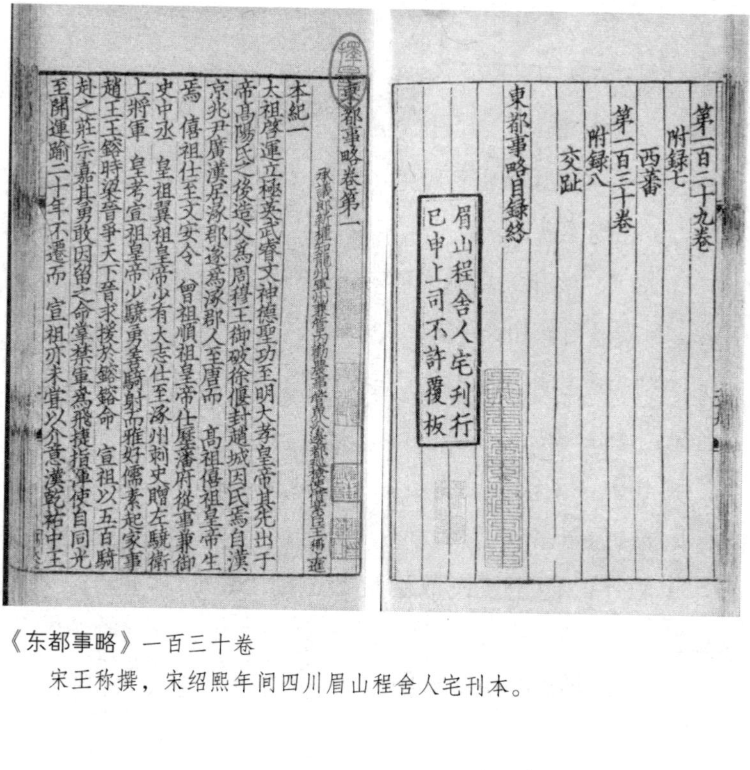
第一百二十九卷
附録七
西蕃
第一百三十卷
附録八
交趾
東都事略目録終
眉山程舍人宅刊行
已申上司不許覆板

東都事略卷第一
本紀一
太祖啓運立極英武睿文神德聖功至明大孝皇帝其先出于
帝高陽氏之後造父爲周穆王御破徐偃封趙城因氏焉自漢
京兆尹廣漢居涿郡遂爲涿郡人至唐而 高祖僖祖皇帝生
焉 僖祖仕至文安令 曾祖順祖皇帝仕歷藩府從事兼御
史中丞 皇祖翼祖皇帝少有大志仕至涿州刺史贈左驍衛
上將軍 皇考宣祖皇帝少驍勇善騎射而雅好儒素起家事
趙王王鎔時梁晉爭天下晉求援於鎔鎔命 宣祖以五百騎
赴之莊宗嘉其勇敢因留之命掌禁軍爲飛捷指揮使自同光
至開運踰二十年不遷而 宣祖亦未嘗以介意漢乾祐中王

《东都事略》一百三十卷

宋王称撰，宋绍熙年间四川眉山程舍人宅刊本。

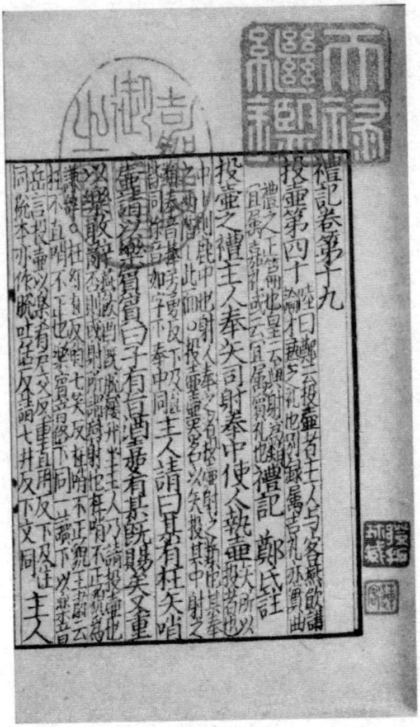
禮記卷第十九

投壺第四十

禮記 鄭氏註

投壺之禮主人奉矢司射奉中使人執壺

主人請曰某有枉矢哨壺請以樂賓賓曰子有旨酒嘉肴又重以樂敢辭

《礼记》（巾箱本）

汉郑玄撰，唐陆德明释文。宋婺州义乌酥溪蒋宅崇知斋刻，半叶十行，行十九字，小字双行同，细黑口，左右双边，双鱼尾，有耳题。

（37）“婺州市门巷唐宅”，刻《周礼郑注》十二卷，见杨《志》和杨《谱》。

（38）“婺州义乌酥溪蒋宅崇知斋”，刻巾箱本《礼记》五卷，见瞿《目》和张《志》。

（39）“婺州东阳胡仓王宅桂堂”，刻《三苏文粹》七十卷，见瞿《目》。

（40）“刘氏学礼堂”，癸未刻《履斋示儿编》二十三卷，见杨《录》。

（41）“隐士王氏取瑟堂”，刻《中说》十卷，见瞿《目》。

（42）“毕万裔宅富学堂”，刻李寿经进《六朝通鉴博议》十卷，见瞿《目》和丁《志》。

（43）“胡元质当涂道院”，乾道癸巳，九年，自刻《左氏摘奇》十二卷，见《阮外集》。

（44）“杭州净戒院”，刻唐赵蕤《长短经》十卷，见《四库书目提要》。

（45）“严陵詹义民”，嘉定壬申，五年，刻《欧公本末》四卷，见陆《跋》。

（46）“荣陵谭叔端”，刻《新刊淮南鸿烈解》二十一卷，见缪《续记》。又刻《新刊精选诸儒奥论策学统宗前编》五卷，见阮《外集》。《后集》八卷、《续集》七卷、《别集》五卷，见《四库存目》。

（三）书估的刻书

福建的造币印书事业，在宋代是非常发达，所以岳珂定《九经三传》沿革例，就有“建本”的名目。从唐以来，建安就是书肆荟萃之所，到了宋代，余氏便是书的世业者，其中最著名的要算仁仲，岳珂所称的“建余氏本”，就是指他而言。我们要知余氏世业的源流，可以看乾隆四十年正月丙寅谕军机大臣等的一段文字，谕说：“近日阅米芾墨迹，其纸幅有‘勤有’二字印记，未能悉其来历。及阅内府所藏旧校《千家注杜诗》，向称为宋椠者，卷后有‘皇庆壬子余氏刊于勤有堂’数字。皇庆为元仁宗年号，则其板是元非宋。继阅宋板《古列女传》，书末亦有‘建安余氏靖安刊于勤有堂，字样，则宋时已有此堂。因考之宋岳珂相台家塾，论书板之精者，称建安余仁仲，虽未刊有堂名，可见闽中余板，往南宋久已著名，但未知北宋时即行勤有堂名否？又他书所载明季余氏建板犹盛行，是其世业，流传甚久。近日是否相沿？并其家刊书始自何年？及勤有堂名所自？询之闽人之官与朝者，罕知其详。若在本处查考，尚非难事：着传谕钟音于建宁府所属，访查余氏子孙，见在是否尚习刊书之业？并建安余氏，自宋以来，刊印书板源流，及勤有堂昉于何代何年？今尚存否？或遗迹已无可考，仅存其名，并其家在宋曾否造纸？有无印记之处？或考之志乘，或征之传闻，逐一查明，遇便覆奏。此系考订文墨旧闻，无关政治。钟音宜选派诚妥之员，善为询访，不得稍涉张皇，尤不得令胥役等借端滋扰……”再看钟音的覆奏说：“……余氏后人余廷勷等呈出族谱，载其先世，自北宋建阳县之书林，即以刊书为业，彼时外省板少，余氏独于他处购选纸料印记‘勤有’二字。纸板俱佳，是以建安书籍盛行。至勤有堂名，相沿已久。宋理宗时，有余文兴，号勤有居士，亦系袭旧有堂名为号。令余姓见行庆堂书集，据称即勤有堂故址，其年已不可考！……”余氏世业的源流，看了上面的上谕和覆奏，也可约略明白了。至于余氏所刻的书，我现在先将有翻板可考的列举在下面：

（1）“孙星衍仿刻《唐律疏议》”，前《释文序》后有“至正辛卯十一年重校”一行；又有长方木印记说：“崇化余志安刊于勤有堂”；《疏议序》后有草书“至顺壬申五月印”一行；卷终，有“考亭书院学生余资编校”一行。

（2）“阮文达元仿刻《绘图古列女传》”，《目录》后有外方内圆木印记，中刻草书“建安余氏”；卷二、卷三后，有“静庵余氏模刻”一行；卷五后，有“余氏勤有堂刊”一行；卷八后，有墨地白文木记“建安余氏模刻”一行。

（3）“汪中仿刻《春秋公羊经传解诂》”，卷首《何休序》后有《合刻公穀二传缘起》六行，末题说：“绍熙辛亥，二年孟冬朔日，建安余仁仲敬书。”卷一后，有经若干字，注若干字，音义若干字三行，又“余氏刊于万卷堂”一行。卷二，有“余仁仲刊于家塾”一行，字数和前相同。卷三，至末无余地，字数刻匡边外，无校刊一行。卷四，有“仁仲比校讫”一行，字数和前相同。卷五，至末无余地，字数作两行挤刻，本行下无校刊一行。卷六，有“余仁仲刊于家塾”一行，字数和前相同。卷七，有“仁仲比校讫”一行，字数和前同。卷八，至末余二行，字数两行挤小刻一行，“仁仲比校讫”一行。卷九，有“余仁仲刊于家塾”一行，字数和前相同。卷十，至末余二行，字数挤小作两行刻，本行下无校刊一行，卷十一、卷

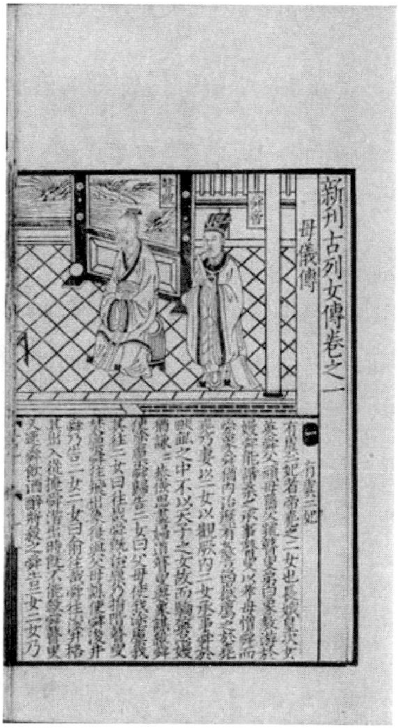

《绘图古列女传》

清道光五年（1825），阮元（文达）仿刻建安余氏勤有堂本。

十二，有“仁仲比校讫”一行，字数和前相同。

（4）“黎庶昌仿刻《春秋穀梁经传》”，范宁《集解序》后有隶书小木印记，刻着“余氏万卷堂藏书记”这几个字。卷一，字数三行，又“仁仲比校讫”一行；卷二，有“余仁仲刊于家塾”一行，字数和前相同；卷三，有“仁仲比校讫”一行，字数和前同；卷四，有“余仁仲刊于家塾”一行，字数和前同；卷五、卷六都和前一样；卷七、卷八，有“仁仲比校讫”一行，字数和前同；卷九，至末余二行，字数及“余仁仲刊于家塾”二行；卷十，有“仁仲比校讫”一行，字数和前同。卷十一，至末余二行，字数及“余仁仲比校讫”刻二行；卷十二，字数三行，后有“国学进士余仁仲校正，国学进士刘子庚同校，国学进士陈几同校，国学进士张甫同校”四行，又顶格刻“奉议郎签书武安军节度判官厅公事陈应行参校”一行，余地有隶书小木印记刻看“余氏万卷堂藏书记”这几个字，下又有“癸丑仲秋重校讫”一行。

翻本以外，还有其他的书可以证明。我再列举在下面。

（1）“宋版《周礼郑注陆音义》”，凡十二卷，每卷后或载“余仁仲比校”，或“余氏刊于万卷堂”，或“余仁仲刊于家塾”；卷末记经、记音义字数，见《天禄琳琅》二。

（2）“宋版《礼记》”，每卷有“余氏刊于万卷堂”，或“余仁仲刊于家塾”，或“仁仲比校讫”，见《天禄琳琅后编》二。这虽没有载明刊刻年月，但推想起来，大概和《公》《穀》同时，就是所谓“余氏九经本”的一种。

（3）“宋黄伦《尚书精义》”，凡五十卷，前有“建安余氏万卷堂刊行”，小序又有“淳熙庚子，七年，腊月朔旦，建安余氏万卷堂谨书”，张《志》、瞿《目》、陆《志》、陆《跋》都见。

（4）“宋高承《重修事物记原》”，凡二十六卷，目录二卷，末说“庆元丁巳之岁，建安余氏刊”，见陆《志》。这是南宋时候刻的书。

（5）“《增注太平惠民和剂局方》”，凡三十卷，末有“大德甲辰余志安刊于勤有书堂”一行，见杨《谱》。

（6）“元版《分类补注李太白诗集》”，凡二十五卷，目录后，有篆书的“建安余志安刊”木记，板心有“至大辛亥三月刊”字，陈编廉《石居记》、张《续志》、瞿《目》、丁《志》、森《志》都见。

（7）“《集千家注分类杜工部诗》”，凡二十五卷，门类目录后，有钟式的“皇庆壬子”木记和炉式的“勤有堂”木记；传、序、碑、铭后，有“建安余氏勤有堂刊”篆记，诗题目录卷二十五后，都别行刊“皇庆壬子，余志安刊于勤有堂”，《天禄琳琅》六、孙《记》、瞿《目》都见。

（8）“《书蔡氏传辑录纂注》”，凡六卷，引用诸家姓氏后，有钟形的“延祐戊午”图记，鼎形的“勤有堂”图记，都是篆书，纲领末页版心，有行书“延祐己未正月印”七字；后半叶有篆书“建安余氏勤有堂刊”八字的墨图记；卷末有“男真卿编校，姪济卿、登卿同校，余志安刊行”三行，瞿《目》、莫《录》、陆《志》都见。

（9）“《国朝名臣事略》”，凡十五卷，目录后，有“元

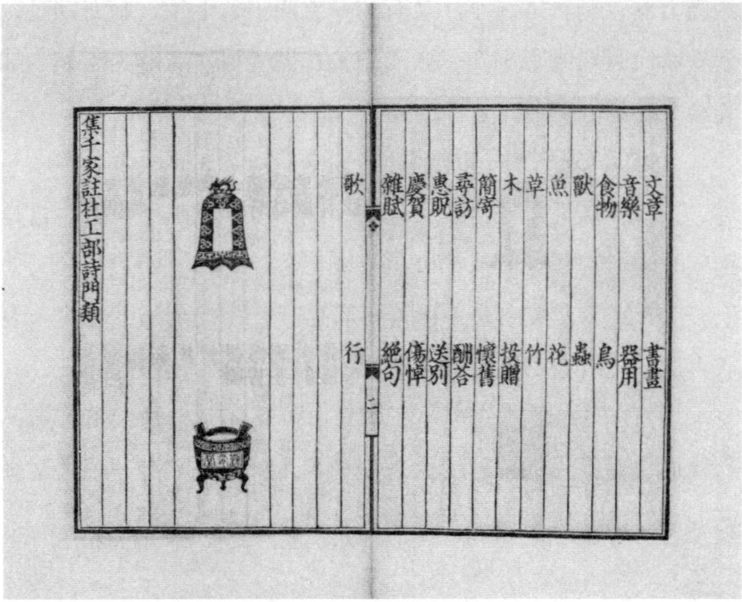

《集千家注分类杜工部诗》

统乙亥，余志安刊于勤有书堂”，张《志》、瞿《目》、陆《志》、陆《集》都见。

（10）“辅广《诗童子问》”，凡十卷，末有“至正甲申上元”印记，又有“崇化余志安刊于勤有堂”印记，见森《志》。

（11）“《书蔡氏传旁通》”，凡六卷，卷目后有“崇化余志安刻于勤有堂”的墨记；又有“至正乙酉岁四月，余氏勤有堂印行”墨记，张《志》、瞿《目》、陆《跋》都见。

（12）“《汉书考正》《后汉书考正》”，凡六册，卷末有“至正三年，勤有堂”木记，见丁《志》。这是元刻的。

（13）“《仪礼图》”，凡十七卷，又有《旁通图》一卷。自序后有“崇化余志安刊于勤有堂”，见张《志》。

（14）“宋葛长庚《琼琯白玉蟾集》”，凡八卷，前题“建安余氏刊于静庵”，见瞿《目》和丁《志》，这也是不记年月的元刻。

我们从这里，可以寻出一个线索，就是余氏刻书的堂名，不是没有分别的。譬如：如余仁仲刊书的标记是“万卷堂”，余志安刻书的标记是“勤有堂”；刻《列女传》的靖庵，也题“勤有堂”，那么或者是志安的别号了。宋代还有建安余恭礼宅，在嘉定丙子九年刻《活人事证方》二十卷；建安余唐卿宅，在宝祐癸丑元年刻许学士《类证普济本事方》十卷，又《后集》十卷，则称“夏渊余氏明经堂”，都见森《志》和杨《志》。

总之，宋代的刻书，福建要算第一；福建的刻书，建安要算第一；建安的刻书，余氏要算第一。并且当时官刻的书，也大多由他刊印。看瞿《目》所载胡炳文《朱子四书通》二十六卷，后有张存中的《跋》，说道：“养正三年，存中奉浙江儒学提笔志行杨先生命，以胡先生《四书通》，大有功于朱子，委令賫付建宁路建阳县书坊刊印。志安余君，命工绣梓，度越三稔，始克就……”可见当时对于余氏刻书的推重了。

临安陈氏，在南宋时候，也是著名的书估。各家藏书目录所载睦亲坊棚北大街陈解元，或陈道人，或陈宅书籍铺刊行；印行的书，大概是唐宋人的诗文小集居多。元方回《瀛奎律髓》四十二寄赠类，刘克庄《赠陈起诗》说：“陈侯生长繁华地，却似芸居自沐熏。炼句岂非林处士，鬻书莫是穆参军。

雨檐兀坐忘春去，雪屋清谈至夜分。何日我闲君闭肆，扁舟同泛北山云。”注说：“此所谓卖书陈彦才，亦曰陈道人。宝庆初，以‘秋雨梧桐皇子府，春风杨柳相公桥’诗，为史弥远所黥，诗祸之兴，捕敖器之、刘潜夫等下大理狱，时郑清之在琐闼止之。予及识此老，屡造其肆，别有小陈道人，亦为贾似道编管。”又赵师秀《赠卖书陈秀才诗》说：“四围皆古今，永日坐中心。门对官河水，簷依柳树阴。每留名士饮，屡索老夫吟。最感春烧尽，时容借检寻。”注说：“陈起，字宗之，睦亲坊卖书开肆。予丁未至行在所，至辛亥，凡五年，犹识其人，且识其子。今近四十年，肆毁人亡，不可见矣。”方回以睦亲坊陈道人为陈宗之起，乃亲识其人，确有可据。但据影宋本周弼汶阳《端平诗隽》四卷，是荷泽李龏和父所选，前有李序说：“伯弼十七八时，即博闻强记，侍乃翁晋仙，已好吟。洎长而四十年间，宦游吴楚江汉，足迹所到，声腾名振。但卷帙稍多，因擿其坦然者兼集外所得者近二百首，目为《端平诗隽》，续芸陈君书塾入梓，同好者便于看诵……”序后有“临安府棚北大街陈解元书籍铺印行”一条。照这样看来，

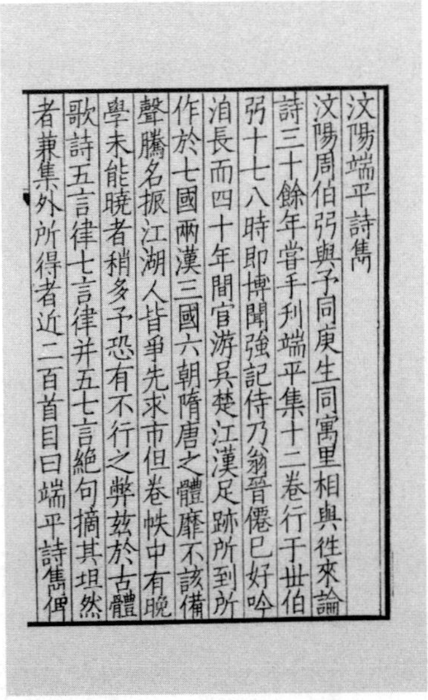
汶陽端平詩雋
汶陽周伯弜與予同庚生同寓里相與往來論詩三十餘年嘗手刋端平集十二卷行于世伯弜十七八時即慱聞強記侍乃翁晉僊已好吟洎長而四十年間宦游吳楚江漢足跡所到所作於七國兩漢三國六朝隋唐之體靡不該備聲騰名振江湖人皆爭先求市但卷帙中有晚學未能曉者稍多予恐有不行之弊茲於古體歌詩五言律七言律并五七言絶句摘其坦然者兼集外所得者近二百首目曰端平詩雋俾

《端平诗隽》

那么，陈解元号续芸，和号彦才的陈起，当然是两个人了。陈起所开的书肆，叫芸居楼。吴文英《梦窗丙稿·丹凤吟赋赠陈宗之芸居楼词》说：“丽锦长安人海，避影繁华，结庐深寂。灯窗雪户，光映夜寒东壁。心雕鬓改，镂冰刻水，缥简离离，风签索索。怕遣花虫蠹粉，自采香芸，薰架香泛纤碧。更上新梯，窈窕暮山，淡着城外色。旧雨江湖，远向桐阴门巷，燕曾相识。吟壶天小，不觉翠蓬云隔。桂斧月宫三万手，计元和通籍。软红满路，谁聘幽素客。”从这首词里，我们可以知道续芸是因芸居而得名，并且可以断定他是芸居的儿子。我们在此还可以找到一点证据：宋危稹《巽斋小集》有《赠书肆陈解元诗》说：“巽斋幸自少人知，饭饱官闲睡转宜。刚被旁人去饶舌，刺桐花客又求诗。兀坐书林自切磋，阅人应似阅书多。未知买得君书去，不负君书人几何？”又朱继芳《静佳乙稿·赠续芸诗》说：“谁谓芸居死？余香解返魂。六丁将不去，孤子续犹存。科斗三生债，蟫鱼再世冤。向来诗作祟，挥泪对人言。”从这首诗看来，续芸是芸居的儿子，更加明白了。但又有人说就是陈思的，顾修刻《南宋群贤山集》，题宋陈起编，前有王昶《序》说：“起父子又撰《宝刻丛编》《宝刻汇编》二书，皆能收采古今碑版，颇为渊博。”王昶所说的起父子，不知是指谁而言，也不知根据了什么而说，现在通行的《宝刊汇编》不题撰人，可是《宝刻丛编》却题是宋陈思撰。或者王昶就把这两个人牵合起来以为是父子吧！姚觐元刻宋岳珂《棠湖诗稿》附钱仪吉《跋》说：“卷末称临安府棚北大街陈氏印行者即书坊陈起解元也。”曹斯栋《稗贩》以为《南宋名贤遗集》在临安棚北大街刻的是陈思，并说陈起自居睦亲坊。但是别本《名贤集子》也有称“棚北大街睦亲坊陈解元书籍铺印行”的，可见不是两个地方了。总之，续芸是陈起的儿子，有了朱继芳的诗来做证明，可以不再发生疑问了。但是续芸是不是陈思，却不会得到确实的证据。我们从南宋人赠起的诗以及陈思所著书的序子上考据起来，都可不生问题的。许棐《梅屋稿赠陈宗之诗》说：“六月长安热似焚，鄽中清趣总输君。买书人散桐阴晚，卧看风行水上文。”又《梅屋四稿》有《陈宗之叠寄书籍小诗为谢诗》说：“江海归来二十春，闭门为学转辛勤。自怜两鬓空成白，犹喜双眸未肯昏。君有新刊须寄我，我逢佳处必思君。城南昨夜闻秋雨，又拜新凉到骨恩。”又《融居小缀》有《宗之惠梅窠冰玉笺诗》说：“百幅吴冰干蕊雪，对吟终日不成诗。忆君同在孤山下，商略春风弄笔时。”叶绍翁《靖逸小集·赠陈宗之诗》说：“官河深水绿悠悠，门外梧桐数叶秋。中有武林陈学士，吟诗消遣一生愁。十载京尘染布衣，西湖烟雨与心违。随军尚有书千卷，拟向君家卖却归。”又《夏日从陈宗之借书偶成五律一首》说：“自从春去后，少省出柴扉。树暗鸦巢隐，簷空燕迹稀。忆山怜有梦，当暑咏无衣。案上书堆满，多应借得归。”《前贤小集拾遗》郑立之斯立《赠陈宗之诗》说：“昔人耽隐约，屠酤身亦安。矧伊从古书，枕籍于其间。读书博诗趣，鬻书奉亲欢。君能有此乐，冷淡世所难。我本抱孤尚，为贫赋弹冠。欲和南薰琴，秋风欻戒寒。恬无分外想，剩有日晷间。阅书于市廛，得君羁思宽。诵其所为诗，刻苦雕肺肝。陶韦淡不俗，郊岛深以艰。君勇欲兼之，日夜吟辛酸。京华声利窟，车马如浪翻。淡妆谁为容？古曲谁为弹？桐阴覆月色，静夜独往还。人皆掉臂过，我惟括眼看。百年适志耳，岂必身是官？不见林和靖，清名载孤山。”又黄佑甫顺之《赠陈宗之诗》说：“羡君家阙下，不踏九衢尘。万卷书中坐，一生闲里身。贪诗疑有债，阅世欲无人。昨日相思处，桐花烂漫春。”又杜子野来《赠陈宗之诗》说：“往年曾见赵天乐，数说君家书满床。成卷好诗人借看，盈壶名酒毋先尝。对门欲见桐阴合，隔壁应闻芸叶香。老不爱文空手出，从今烦为蓄仙方。”又周晋仙文璞《赠陈宗之诗》说：“伊吾声里过年年，收拾旁行亦可怜。频唤芸香心欲醉，为寻脉望眼应穿。哦诗若似悲秋客，收价清于卖卜钱。吴下异书浑未就，每逢佳处辄流连。”又黄元易简《秋怀寄陈宗之诗》说：“秋声四壁动，寒事日骎骎。红剥林间子，青除架底阴。积闲殊有味，安拙本无心。犹愧陈征士，赊书不问金。”又起编《江湖后集》二十二俞桂《谢芸居惠歙石广香诗》说：“家无长物只书卷，又无良田惟破砚。寥寥此道人共嗤，君独相怜复相善。邺侯架上三万签，半是平生未曾见。一痴容借印疑似，留客玄谈坐忘倦。探怀忽出片石方，双池丝刷□□□。□□溪深古坑远，论新品旧殊未遑。慷慨珍□意何永，更配番禺心字饼。归来喜欢举废典，春雨书楼阒深静。手钞羲经误未刊，尘清商鬲灰久寒。使烧团煤炙云母，旋滴清泉凝露溥。点朱涂黄细商榷，时有烟丝袅风幕。心融终日游圣涯，恍若置身天禄阁！”又十五，徐从善《呈芸居诗》说：“生来稽古心，文士独知音。世事随年懒，诗愁入鬓深。梦抛三尺组，书敌几籯金。何以谋清隐？湖山风月林。”又三，周端臣《奉谢芸居清供之招诗》说：“生平愧彼苍，得饱非耘种。自愧蔑寸长，居然叨薄俸。竭来桂玉地，幸了藜藿奉。日昨访芸居，见我如伯仲。剧谈辟幽荒，妙论洗沉痛。呼僮张樽叠，芳胶启春甕。乃约屏羶荤，初筵殊清供。珠樱映翠荚，光色交浮动。佳境喜渐入，恺之未痴惷。属厌荐春萌，隽永咀秋葑。黄独复登俎，味借蜂蜜重。翻怜少陵翁，山雪入吟讽。早韭晚菘辈，吾家所售用。列品不自珍，而与友朋共。雕盘放手空，适口颇恣纵。日暮雨催返，虚窗结清梦。寄语五侯鲭，从兹勿劳送。”宗之虽是一个书估，但从上面这许名人赠他的诗看来，也可知道他在当时和士大夫广通声气，不是一个寻常的书估了。所以李知孝兴诗狱，宗之得郑丞相的帮助，仅坐流罪，后来不久就赦归了。朱继芳《挽芸居诗》说：“不得来书久，那知是古人？近吟丞相喜，往事谏官嗔。身死留名在，堂空著影新。平生闻笛感，为此一沾巾。”丞相是指清之，谏官是指李知孝。又《江湖后集》三周端臣《挽芸居二首》说：“天地英灵在，江湖名姓香。良田书满屋，乐事酒盈觞。字画堪追晋，诗刊欲遍唐。音容今已矣，老我倍凄凉。”“诗思间逾健，仪容老更清。遽闻身染患，不见子成名。易箦终婚娶，求棺达死生。典型无复睹，空有泪如倾。”又黄文雷《挽芸居诗》说：“海内交游三十年，临分我到卧床前。西湖一叶惊先落，泪尽秋风松下阡。长安道上细哦诗，如此相思更有谁？芸叶一窗千古在，好将事业付佳儿。”又释芳庭《芸居秘校五律诗》说：“世上名犹在，闲情岂足悲？自怜吟日少，谁恨识君迟？兰阁人亡后，寒林月上时。十年青史梦，惟有老夫知。”把这几首诗合看一下，陈起一生的事迹，也可得到一个大概。所谓“诗刊欲遍唐”，就是说：现在所存书棚本唐人诗集，后题“临安府棚北大街睦亲坊陈道人书籍铺”，或题“陈宅书籍铺印行刊行”的都是陈起所刊的书；所谓“不见子成名”，就是说：世称陈解元的续芸，当陈起死的时候，还没有多大建树，所谓“好将事业付佳儿”，就是说：续芸已能承他父亲的世业了。不过不能定说陈思就是续芸。大概临安府棚北大街睦亲坊陈宅书籍铺，是陈起父子所开；所谓陈道人，想来就是芸居了；所谓陈解元，想来就是续芸了。至于陈思这个人，不过卖书、开肆，自己刊他的著作，现在宋书棚本的书，和陈思是没有什么关系的。陈起父子所刊的书，颇有不同的地方，读者可以参考叶德辉的《书林清话》二“《宋陈起父子刊书之不同》”，因篇幅的关系，不再在此地详说了。

（四）书坊的刻书

宋代书坊的刻书，除建安余氏、临安陈氏两家，因有书业的历史系统，特在前面书估的刻书里详细叙述外，还有散见在历来藏书家志目题记中的，现在再把它分说在下面：

（1）“建宁府黄三八郎书铺”，乾道改元，刻《韩非子》二十卷，见顾《集》。乾道己丑，刻《钜宋重修广韵》五卷，森《志》、杨《志》、杨《谱》。

（2）“建阳麻沙书坊”，绍兴庚申，十年，刻曾慥《类说》五十卷，见陆《续跋》。绍兴癸酉，二十三年，刻新雕

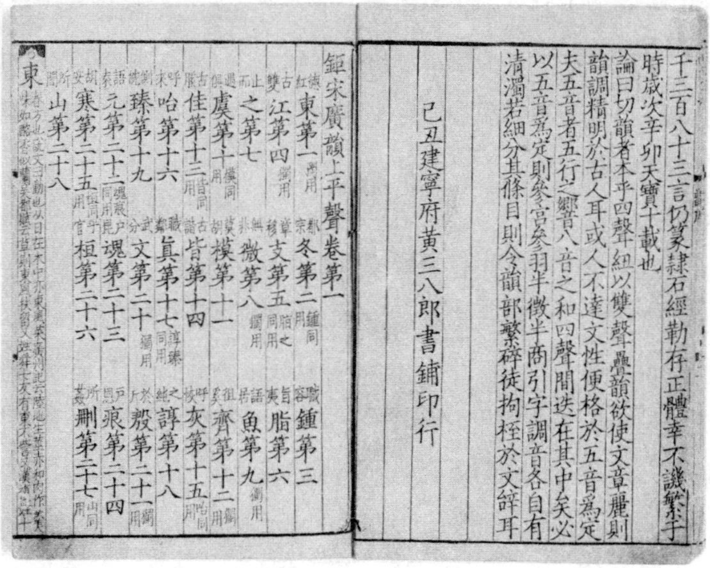

《钜宋广韵》

宋陈彭年等奉敕所修，宋乾道五年（1169）建宁府黄三八郎刻本。

《皇宋事实类苑》七十八卷，见丁《志》和缪《记》。无年号，刻魏天应《论学绳尺》十卷，见《四库书目提要》。无年号，刻《十先生奥论》四十卷，见《四库书目提要》。

（3）“建宁书铺蔡琪纯父一经堂”，嘉定戊辰，六年，刻《汉书》一百二十卷，见杨《录》和丁《志》。刻《后汉书》一百二十卷，张《志》、黄《赋注》、黄《书录》、陆《续志》、陆《跋》都见。

（4）“武夷詹光祖月厓书堂”，淳祐中，刻《资治通鉴纲目》五十九卷，见张《续志》和瞿《目》。

（5）“崇川余氏”，刻《新纂门目五臣音注扬子法言》十卷，见《天禄琳琅后编》五。

（6）“建宁府陈八郎书铺”，刻贾谊《新书》十卷，丁《志》、陆《志》、陆《跋》都见。

（7）“建安江仲达群玉堂”，刻宋麻沙本《二十先生回澜文鉴》十五卷，《后集》八卷，见丁《志》。上面这几家，都是在福建的书坊。

（8）“杭州大隐坊”，政和八年，刻《重校正朱肱南阳活人书》十八卷，张《志》、瞿《目》、陆《志》都见。

（9）“临安府右庙前尹家书籍铺”，刻《钓矶立谈》一卷，见《四库书目提要》。刻《渑水燕谈录》十卷，见丁《志》。《北户录》三卷，《天禄琳琅》六、张《志》、瞿《目》、丁《志》都见。《茅亭客话》十卷，见黄《记》和朱《目》。《却扫编》三卷，朱《目》、丁《志》、缪《续记》。《续幽怪录》四卷，见黄《记》和瞿《目》。《箧中集》一卷，见丁《志》。《曲洧旧闻》十卷，见《四库书目提要》和缪《续记》。《述异记》二卷，见缪《续记》和丁《志》。

（10）“杭州钱唐门里车桥南大街郭宅书铺”，刻《寒山拾得诗》一卷，见黄《记》。

（11）“临安府金氏”，刻《甲乙集》十卷，见瞿《目》。

（12）“金华双桂堂”，景定辛酉，二年，刻宋伯仁《梅花喜神谱》二卷，见钱《日记》、黄《赋注》、阮《外集》。上面这几家，都是在浙江的书坊。

（13）“临江府新喻吾氏”，无年号，丁未，刻《增广太

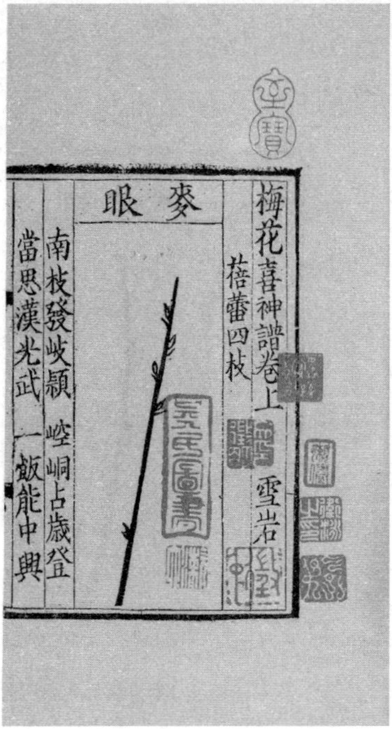

《梅花喜神谱》

宋伯仁著，宋理宗景定二年（1261）金华双桂堂刻。

平惠民和剂局方》十卷，见森《志补遗》。

这是在江西的坊刻。

（14）“西蜀崔氏书肆”，刻王云《南华真经注》二十卷，附《拾遗》一卷，见瞿《目》。

（15）“南剑州雕匠叶昌”，绍兴三十一年，刻程俱《班左诲蒙》三卷，见张《志》。

上面这两家都是在四川的。

（16）“咸阳书隐斋”，庆元丁巳，三年，新刊《国朝二百家名贤文粹》一百九十七卷，见杨《录》。这是在陕西的坊刻。

（17）“汾阳博济堂”，庆元乙卯，元年，刻《十便良方》四十卷，见黄《赋注》、黄《书录》、瞿《目》。

这是在山西的坊刻。

（18）“菉斐轩”，刻《新增词林要韵》一卷，见阮《外集》。

（19）“葛氏传梫书堂”，绍兴三年，刻《温公书仪》十卷，见《天禄琳琅后编》二。

上面这两家书坊，究竟在什么地方，现在不能知道了。

（20）“闽山阮仲猷种德堂”，淳熙柔兆涒滩三年丙申，刻《春秋经传集解》三十卷，《天禄琳琅后编》三、钱《日记》、陈《随笔》、瞿《目》、莫《录》、森《志》、缪《续记》、杨《谱》都见。无年号，刻《杨氏家传方》二十卷，见森《志》。丙辰三年，刻《说文解字韵谱》五卷，见《天禄琳琅后编》三和瞿《目》。

这家书坊的历史，在宋代各书坊中间，要算是最久长的，到元代还是存在着。

总之，宋代书坊刻本，有流传到现在的。一般古书的鉴赏家，虽还是赞美爱惜，可是雕刻方面，总不如官家那样精美，校勘方面，总不如家塾那样仔细。这是当我们研究宋代刻本的时候，不能不加以明白的辨别。

七

宋代刻书的特征

历来的读书家、藏书家以至古董家，都奉宋版为希世的至宝，一半虽被盲目的“好古心理”所驰使而有这种狂热的倾向；但倘单靠这些历史观念的维持，宋版的价值也不过等于钟鼎彝器，断不能引起现代人的注意。宋版书的本身，自有不少“空前绝后”的特征，譬如纸墨的精致、纂图和互注、牌记的附刻、写手的专一、行格的疏密，或是在美观方面，使我们引起不少的快感；或是在检阅方面，使我们觉到许多的便利。现在我且把它分说在下边：

（一）纸墨的精致

宋代刻本的书籍，不但雕镌认真，就是摹印也不是随便草率的。所用的纸料，又大都是洁白而坚厚。明高濂说：“藏书以宋刻为善。宋人之书，纸坚刻软，字画如写，格用单边，间多讳字，用墨稀薄，虽着水湿，燥无湮迹，开卷，一种书香，自生异味。元刻仿宋，单边字画，不分粗细，较宋边条，阔多一线，纸松刻硬，用墨秽浊，中无讳字，开卷了无臭味。有种官券残纸，背印更恶。宋版书以活衬纸为佳，而蚕茧纸、鹄白纸、藤纸固美，而存遗不广，若黏背宋书，则不佳矣。”见《燕间清赏笺论藏书》。孙从添说：“若果南北宋刻本，纸质罗纹不同。字画刻手，古劲而雅，墨气香淡，纸色苍润，展卷便有惊人之处。”见《藏书纪要》。这里所说的墨香、纸润、秀雅、古劲，已把宋刻的好处完全表现出来了。

《天禄琳琅》一，著录宋板《周易》十卷，“是书不载刊刻年月，而字法圆活，刻手清整。且于宋光宗以前讳皆缺笔，琴川毛晋藏书，于宋本印记之下，复加甲字印，乃宋椠之最佳者。”又二，著录宋板司马光《资治通鉴考异》三十卷，元祐椠本，乾隆甲子御题说：“是书字体浑穆，具颜柳笔意，纸质薄如蝉翼，而文理坚致，为宋代所制无疑。”又著录宋版《南华真经》十卷说：“此书版高不及半尺，而字画倍加纤朗，纸质墨光，亦极莹致。”乾隆御题说：“蝇头细书，纸香墨古，诚实迹也。”又三，著录《新刻训诂唐昌黎先生文集》四十卷，《外集》十卷，《遗文》一卷，说：“卷一下标‘临邛韩醇’四字。”《训诂柳先生集》亦出醇手。书后有记，作于孝宗淳熙丁酉，称“世所传昌黎文公文，虽屡经名儒手，余昔校以家集，其舛误尚多”云云，则醇为愈之裔可知。其家在临邛，当即蜀中所刊。宋叶梦得以蜀本在建本之上，观此书字精纸洁，刻印俱佳，洵不诬也。乾隆丁未御题说：“字画精好，纸墨细润，《天禄琳琅》所贮《韩集》，当以是本为第一。”又宋版姚铉《唐文粹》一百卷，北宋宝元二年临安孟琪刻，乾隆御题说：“字画工楷，墨色如漆。”照此看来，宋代文化的发达，物力的充足，工艺的精密，决不是元以后所能比拟了。黄《记》校宋本《姚少监文集》六卷，前录陆西屏写《梅花草堂笔谈》说："有传示宋刻者，其文钩画如绣，手摸之若洼窿然，故出绍兴守家，其先副宪藏书也。问故，将质以偿路符之费，且诫勿洩，有是哉！"这类的宋刻，在现在确乎是很少了。

（二）纂图和互注

宋代刻本中间，有标题，有标题纂图、互注、重言、重意等名目的。这类刻本，大概是坊刻居多，并且专供给一般士子临时需用的，可以分做经和子两类。我现在且分说在下面：

（1）经类。

南宋刻巾箱本《纂图附释音重言重意互注周易》九卷，《略例》一卷，见森《志》。《纂图附释音重意重言互注尚书》十三卷，见《天禄琳琅后编》二。婺州本《点校重言重意互注尚书》十三卷，陈《跋》、瞿《目》、黄《书录》都见。监本《纂图重言重意互注点校尚书》十二卷，见缪《续记》。监本《纂图重言重意互注点校毛诗》二十卷，《天禄琳琅》一、陈《跋》黄《续记》、杨《录》都见。宋麻沙坊本《附释音纂图重言重意互注毛诗》二十卷，附《毛诗举要图》《毛诗篇目》，见张《志》。京本《附释音纂图互注重言重意周礼》十二卷，《天禄琳琅》一、吴《跋》、陈《跋》、黄《记》、瞿《目》、陆《续跋》都见。宋巾箱本《纂图附音重言重意互注周礼郑注》十二卷，见森《志》。京本《点校附音重言重意互注礼记》二十卷，见森《志》和杨《谱》。监本《纂图重言重意互注礼记》二十册，见丁《志》。南宋麻沙本《纂图互注礼记》二十卷，《礼记举要图》一卷，见陆《志》。京本《纂图附音重言重意互注春秋经传集解》三十卷，《天禄琳琅》一、陈编《廉石居记》、莫《录》都见。监本《纂图春秋经传集解》三十卷，见丁《志》。监本《纂图重言重意互注论语》二十卷，见杨《谱》。

（2）子类。

《纂图互注荀子》二十卷，《天禄琳琅》二、孙《记》、吴《跋》、陆《志》、陆《续跋》都见。《纂图互注扬子法言》十卷，孙《记》、瞿《目》、丁《志》、森《志》、陆《志》、陆《续跋》都见。《纂图互注老子道德经》二卷，孙《记》、吴《跋》、瞿《目》、莫《录》、陆《志》、陆《续跋》都见。《纂图互注南华真经》十卷，《天禄琳琅》二、孙《记》、瞿《目》、丁《志》、陆《志》、森《志》都见。《纂图互注列子冲虚至德真经》八卷，见《天禄琳琅后编》五和孙《记》。《纂图互注文中子》十卷，见吴《跋》和孙《记》。

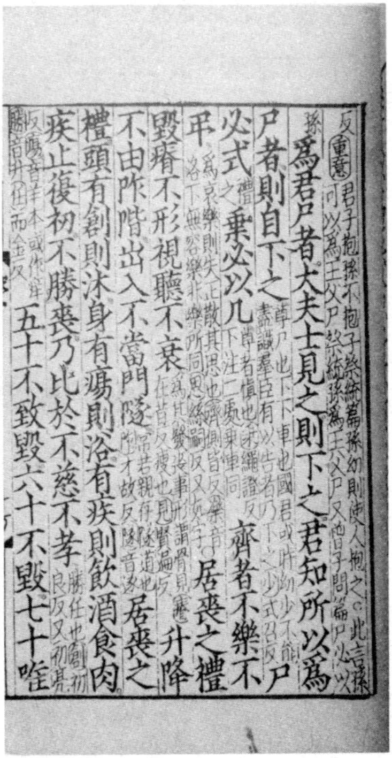
爲君尸者大夫士見之則下之君知所以爲
尸者則自下之 尸
必式 乘必以几 齊者不樂不
弔 居喪之禮
毀瘠不形視聽不衰 升降
不由阼階出入不當門隧 居喪之
禮頭有創則沐身有瘍則浴有疾則飲酒食肉
疾止復初不勝喪乃比於不慈不孝
五十不致毀六十不毀七十唯

《纂图重言重意互注礼记》（宋刻巾箱本）

总之，经类有七种，子类有四种，《仪礼》和《孟子》这两部书，在当时场屋中是不需要的，所以没有这类的刻本。《老》《庄》《荀》《杨》以外，又加入《列子》和《文中子》这两部书，也是坊估当重刻的时候杂凑起来，并不是原来就有的。

（三）牌记的附刻

宋代刻书，在书的首端尾末，序或目录的后面，往往刻一个墨图记和牌记。这种牌记的外面，有墨的匡阑环着，所以叫做“墨围”；又因它的形式，好似“碑”的样子，也叫做“碑牌”。元明以后，书坊所刻的书，多仿照它的式样。至于牌中所刻的文字，详略不等。现在分举在下面：

（1）详的。例如：

（a）宋刻《春秋经传集解》三十卷，后面有墨围的识语八行说：“仅依监本，写作大字，附以释文，三复校正，刊行，如履通衢，了无室该是窒字的讹误。碍处，诚可嘉矣。兼列图表如卷首，迹夫唐虞三代之本末源流，虽千载之久，豁然如一日矣！其明经之指南欤！以是衍传，愿垂清鉴！淳熙柔兆涒滩中夏初吉，闽山阮仲猷种德堂刊。”见杨《谱》和缪《续记》。

（b）宋刊东莱先生《诗律武库》三十卷，《前集》有碑牌四行说：“今得吕氏家塾手校《武库》一帙，用是为诗战之具，固可以扫千军而降勍敌。不欲秘藏，刻梓以□原空。诸天下，收书君子，伏乞详鉴。谨咨。”见黄《记》和陆《志》。

（c）宋刊本《后汉书》一百二十卷，目录后有木记说：

“本家今将前后《汉书》，精加校证，并写作大字，锓版刊行，的无差错。收书英杰，伏望炳察。钱唐王叔远谨咨。”见杨《录》。

（d）宋刊本《类编增广黄先生大全文集》五十卷，目录后有碑牌说：“麻沙镇水南刘仲吉宅，近求到《类编增广黄先生大全文集》五十卷，比之先印者增三分之一，不欲私藏，庸镵木以广其传，幸学士详鉴焉！乾道端午识。”见杨《录》；

（e）宋麻沙本《纂图互注杨子法言》十卷，后面有木记说：“本宅今将监本《四子纂图互注》附入重言重意，精加校正，兹无讹谬，誊作大字刊行。务令学者得以参考，互相发明，诚为益之大也！建安□□□原文空三字。谨咨。”陆《续跋》、陆《志》、瞿《目》都见。

（2）略的。例如：

（a）宋刊本《新编近时十便良方》十卷，末尾有墨的图记说：“万卷堂作十三行，大字刊行，庶便检用，请详鉴！”见瞿《目》。

（b）宋建安魏仲立刻《新唐书》二百五十卷，目录的后面有牌记说：“建安魏仲立宅刊行，士大夫幸详察之！”见缪《记》；

（c）蔡琪刻《后汉书》一百二十卷，目录的后面，有碑牌说：“时嘉定戊辰，季春既望，蔡琪纯父谨咨。”见黄《书录》。像这类的牌记，不叙事实，但纪年月，后面却也加“谨咨”两字，究竟是什么意义？我们便不能知道了。

大概这类的木记牌识，总是坊肆的刻本居多，也有近于官刻的。例如：宋刊本胡致堂先生《读史管见》八十卷，目录的后面，刻有长木记四行说："时淳熙壬寅中夏既望，刊修于州治之中和堂。奉议郎签书，平海军节度判官厅公事，兼南外宗正簿，赐绯鱼袋胡大正谨识。"见陆《志》。这也是仅记刻书年月和姓名的例子，可见"识"和"咨"这两字的意义，是很有分别的。那么，蔡琪刻《两汉书》但记年月姓名，而也用"咨"字，不过仿效当时流行的格式，而没有详加考虑罢了。

（四）写手的专一

宋代刻书大多是欧、柳、颜体字，所以流传到现在，大家还觉非常宝贵，但在当时也有著书的本人，自己手写了上版的。例如：

（a）宋刻本吴说编《古今绝句》三卷，后面有自跋说："手写一本锓木流传，以与天下后世有志于斯文者共之。"见瞿《目》。

（b）宋岳珂《玉楮诗稿》八卷，后面有自记说："此集既成，遣人誊录，写法甚恶俗不可观，欲发兴自为手书，但不能暇。二月十日，偶然无事，遂以白书数纸。至望日访友，过海宁，携于舟中，日亦书数纸。迨归而毕，通计共一百零七版，肃之记。"肃之就是珂的字，见陆《志》。

（c）陆《志》又著录杨次山《历代故事》十二卷，说："宋刊宋印本，其书乃次山手书付刊，书法娟秀可喜。"至于写手一人抄写的像《文苑英华》一千卷，后有记说："吉州致政周少傅府，昨于嘉泰元年春，选委成忠郎新差充筠州临江军巡辖马递铺权本府使臣王思恭专一手抄《文苑英华》，并校正重复，提督雕匠，今已成书，计一千卷。其纸札工墨等费，并系本州印匠承揽，本府并无干预，今申说照会。四年八月一日，权干办府张时举具。”见张《志》。这是以一人的力量，写到千卷之多，比较肃之的自写已集，更是不容易了。

（五）行格的疏密

有人说宋代刻书，每行的字数和它的行数总是一样，譬如每叶是二十行，那么每行一定都是二十个字；每页是二十二行，那么每行一定都是二十二个字。要知道，也不是完全这样的，例如宋版《仪礼注》，每叶是二十八行，可是每行却只有二十四个字；宋刻《汉书》，每叶是二十八行，可是每行却也只有二十四个字；宋刻《司马温公集》，每叶是二十四行，可是每行却只有二十个字；宋刻《史记》，每叶是二十六行，每行却只有二十五个字，另有一种本子，每叶是十八行，每行却只有十六个字或十七个字；宋刻《列子》，每叶只有二十四行，每行却有二十五个字。可见得字数和行数的多少，也不是一定相合的。但是两相比较起来，行数和字数，差得也很有限的。倘把全版来计算起来，每行多少两个字，好似觉得相差太远，倘拿半版来计算起来，却不过一两个字的出入，于行式上，并不发生什么问题。大概行少的宋版书，每半叶是四行，每行是八个字，行多的宋版书，每半叶是二十行，每行从二十七八个字到三十个字不等。我现在且根据江标的《宋元行格表》，将宋书的行格列表在下面：

书名	卷数	行数	字数	备考
干禄字书	一	四	八	小字双行，约十四五字
字通		五	一八	小字夹行二
监本毛诗	二〇	六	一八	
周易	九	六	二一、二二不等	注双行，行二八字
琴史		六	一八	
纂图集注文公家礼	一〇	七	一四	注双行，行二一字
周易本义	一二	七	一五	
朱子易学启蒙	二	七	一五	
朱文公诗集传	一一	七	一五	
大字本仪礼经传通解	一	七	一五	小字双行
续箴礼经传通解	一四	七	一五	注双行
四书集注		七	一五	
新编方舆胜览	七〇	七	一四	小字二三
小字本汉书	一〇〇	七	二七至二九不等	注三十三、四、五字不等
句解南华真经		七	一六、一七、一八不等	
芦川词	二	七	一三	
楚词集注	八	七	一五	双行夹注同
陶靖节先生诗	四	七	一五	
抚州本王荆公诗集		七	一五	
四六话	一	七	二〇	

（续表）

书名	卷数	行数	字数	备考
淳祐本四书	二六	八	一五	注作大字，低一格
礼记正义	七〇	八	一六	注及正义双行，行二二字
春秋正义	三六	八	一六	
蜀大字本春秋集解		八	一六	
书集传	六	八	一七	
淳熙本仪礼郑注	一七	八	一七	
尚书注疏	二〇	八	一七、一八字	注双行，行一九字
周易正义		八	一八	小字双行，二七、二八字不等
刊正九经三传沿革例	一	八	一八	
大字本周易正义	一〇	八	一九	
绍兴本周易注疏	一三	八	一九	
嘉定蔡琪纯父刻后汉书		八	一六	
皇朝编年备要	三〇	八	一六	小字二三
东京梦华录	一〇	八	一六	
乾道本资治通鉴纲目	五九	八	一七	
新定续志		八	一八	
景定严州续志		八	一八	
南华真经注疏	一〇	八	一五	
熙宁本荀子	二〇	八	一六	小二四字
类证普济本事方		八	一六	
山家义苑	二	八	一六	

（续表）

书名	卷数	行数	字数	备考
齐民要术残	三存	八	一七	注双行，行二五字
新编张仲景注解伤寒百证歌	五	八	一七	注双行，行二〇字
伤寒发微论	二	八	一七	注双行，行二〇字
太玄经	一〇	八	一七	
淳祐本近思录集解	一四	八	一八	注双行，夹注，行一八字
事类赋残	一九存	八		大小字不等
寒山子诗集附丰干拾得诗	一	八	一四	
曹子建集	一〇	八	一五	
昆山杂咏	三	八	一五	
友林乙稿	一	八	一六	
景炎巾箱本指南录	五	八	一六	
巾箱本周易	九	九	一七	注双行，行一八字
巾箱本周礼郑氏注	一二	九	一七或一五、一六不等	注双行，行十八、九字
巾箱本礼记郑氏注	二〇	九	一七	
周易象义	一二	九	一八	
毛诗要义	二〇	九	一八	
吕氏家塾读诗记	三二	九	一九	注下经文一格，附注双行细字，亦无参差

（续表）

书名	卷数	行数	字数	备考
宝祐刊本晋书		九	一四	
汉隽	一〇	九	一五	小字三〇
蜀大字本史记集解	一三〇	九	一六	小字二〇
大字本两汉书		九	一七	
蜀大字本陈书	二六	九	一七	
吴越春秋	一〇	九	一七	
宣和奉使高丽图经		九	一七	
监本魏书		九	一八	
吴郡志		九	一八	注字同
绍兴甲寅本吴郡图经续记		九	一八	
大字本会稽三赋注	二	九	一八	小字三〇、三二不等
欧公本末	四	九	一八	
中兴馆阁录	一〇	九		大小字一八、一九不等
隋书		九	二〇	
重修毗陵志	三〇	九	二〇	
淳熙本卫生家宝产科备要	八	九	一五	
西山真文忠公读书记		九	一六	小字二四
乾道本伤寒要旨	二	九	一六	
洪氏集验方	五	九	一六	
名公书判清明集		九	一六	
大字本孔子家语	一〇	九	一七	小字二四、二五不等
真西山读书记乙集上大学衍义	四三	九	一七	

（续表）

书名	卷数	行数	字数	备考
愧郯录	一五	九	一七	
说苑	二〇	九	一八	
淳熙本盐铁论	一〇	九	一八	
春渚记闻		九	一八	
游宦纪闻	一〇	九	一八	
续幽怪录	四	九	一八	
茅亭客话	一〇	九	一八	
夷坚志	八〇	九	一八	
读教记	二〇	九	一八	
诗律武库前后集	三〇	九	一九	
改正湘山野录续录	六	九	一九至二一字不等	
小字本首楞严经	一〇	九	二〇	
闲居丛稿	二六	九	一四	
笺注陶渊明集		九	一五	
残本淮海先生文集	二六	九	一五	
六臣注文选		九	一五	分注行二〇字
诗苑众芳		九	一五	
新刊校定集注杜诗		九	一六	
重刊淳熙本九家集注杜诗	六至一一存	九	一六	小字双行
大字本山谷诗集注		九	一六	
友林乙稿		九	一六	
添注重校音辨唐柳先生文集外集	四七	九	一七	

（续表）

书名	卷数	行数	字数	备考
窦氏连珠集		九	一七	
离骚集传	一	九	一八	注双行，字数同
残本豫章黄先生集		九	一八	
残本王荆公唐百家诗选		九	一一	
蜀大字本三苏先生文粹	七〇	九	一八	
中兴群公吟稿戊集	七	九	一八	
拙斋文集		九	一九	
淳祐闽宪本山谷外集		九	一九	
残本和靖先生诗集	一	九	二〇	
残本梁溪文集	三八	九	二〇	
残本万首唐人绝句		九	二二	
蜀大字本礼记正义		一〇	一六	小字二一
淳熙本礼记注		一〇	一六	夹注行二四、二五不等
礼记释文	四	一〇	一六	小字二二、二三不等
附释音尚书注疏	二〇	一〇	一七	小字二三
毛诗	二〇	一〇	一七	小字二二
附释音周礼注疏	四二	一〇	一七	注疏双行，行二三字
宋本周礼注		一〇	一七	注二二字
附释音礼记注疏	六三	一〇	一七	小二三字
附释音春秋左传注疏	六〇	一〇	一七	小字行二三字
监本附音春秋公羊注疏	二八	一〇	一七	小字行二三字

（续表）

书名	卷数	行数	字数	备考
监本附音春秋穀梁注疏	二〇	一〇	一七	注疏俱双行，行二三字
孝经注疏	九	一〇	一七	小字行二三字
监本纂图重言重意互注论语		一〇	一七、一八不定	小约一三、一四字
周易兼义	一〇	一〇	一八	小字二四
监本纂图重言重意互注点校毛诗	一一	一〇	一八	小字二四
附释音毛诗注疏	二〇	一〇	一八	
鬳斋考工记解	二	一〇	一八	
监本附音春秋穀梁传注疏	二〇	一〇	一八	小二三字
巾箱本春秋正义	三六	一〇	一八、一九不等	
淳熙小字本春秋经传集解	三〇	一〇	一八	小二二字
四书集成	二〇	一〇	一八	小字双行行二二字
小字本说文解字	一五	一〇	一八	
埤雅	二〇	一〇	一九	
周易秉义	九	一〇	二〇	
婺州本点校重言重意互注尚书	一三	一〇	二〇	
单经本仪礼	一七	一〇	二〇	
大戴礼记	一三	一〇	二〇	
庆历刊本春秋经传纂例	一〇	一〇	二〇	
详注东莱先生左氏博议	二五	一〇	二〇	
尔雅南宋初本	三	一〇	二〇至二三不等	注每行三〇字

（续表）

书名	卷数	行数	字数	备考
释名	八	一〇	二〇	
说文解字北宋椠本	一五	一〇	二〇	小字双行，三〇字不等
说文小字本	一五	一〇	二〇	分注大约每行三〇字
隶释		一〇	二〇	
广韵	五	一〇	二〇	小字双行，二十七、八不等
诚斋易传	二〇	一〇	二一	
杨宝学易传	二〇	一〇	二一	
张先生校正杨宝学易传	二〇	一〇	二一	小字二六
仪礼图	一七	一〇	二一	
六经正误	六	一〇	二二	
论语注疏解经	二〇	一〇	二三	
三续千字文注	一	一〇	二四	
周礼句解		一〇	二五	注在各句下，行二四字
仪礼注严州本	一七	一〇	二五	小三〇不等
重修广韵		一〇	二五	
尚书孔传婺州巾箱本	一二	一〇	三〇	
重言重意尚书正义婺刻巾箱	一二	一〇	三〇	
大宋重修玉篇	五	一〇		小字二六至三〇字不等
龙龛手鉴	四	一〇		大小三〇字不等

（续表）

书名	卷数	行数	字数	备考
押韵释疑	五	一〇	不等	注双行，行二五字
资治通鉴纲目	四九	一〇	一六	目双行二二字
汉书		一〇	一七	
诸葛武侯传	一	一〇	一七	
史记	一三〇	一〇	一八	注二三字，序、目录每版九行，行一五，注二〇字
后汉书建安刘元起本	残	一〇	一八	
三国志	六五	一〇	一八	小注行二三字
北史建本	一〇〇	一〇	一八	
五代史	七五	一〇	一八	
西汉诏令	一二	一〇	一八	
东汉诏令	一一	一〇	一八	
东家杂记	二	一〇	一八	
六朝事迹编类	二	一〇	一八	注双行细字
史记集解残		一〇	一九	注文二十五六字不等
蜀志		一〇	一九	
唐书嘉祐杭本		一〇	一九	
新唐书		一〇	一九	
乾道临安志		一〇	一九	
两汉博闻	一二	一〇	一九	
作邑自箴	一〇	一〇	一九	

（续表）

书名	卷数	行数	字数	备考
晋书	一三〇	一〇	二〇	
晋书音义	三	一〇	二〇	
资治通鉴考异	三〇	一〇	二〇	
国语	二一	一〇	二〇	
国事补音	三	一〇	二〇	
严州重修图经	三	一〇	二〇	
咸淳临安志	一〇〇	一〇	二〇	
赤城志		一〇	二〇	
舆地广记残		一〇	二〇	
史略	六	一〇	二〇	
石林奏议	一五	一〇	二〇	
三辅黄图	一	一〇	二〇或二三	
史记集解		一〇	二七	双行小字三一字
通典		一〇	二八	
南华真经	一〇	一〇	一五	注三〇字
幼幼新书残	一存	一〇	一六	
类说残		一〇	一六	
十二先生诗宗集韵	二〇	一〇		行大小相间，一六字至二三字不等
心经大字本		一〇	一七	
扬子法言	一三	一〇	一七、一八、一九不等	小二十五、六、七字不等

（续表）

书名	卷数	行数	字数	备考
史载之方	二	一〇	一七	
类编图经集注衍义本草		一〇	一七或一八	
老子道德经	四	一〇	一七	注双行，行二四字
唐宋孔白六帖		一〇	一六或一七	
姓解行	三	一〇	二五或二六	
至大重修宣和博古图	三〇	一〇	一七	
洞灵真经		一〇	一七	
荀子	二〇	一〇	一八	
盐铁论	一二	一〇	一八	
新序		一〇	一八	
潜夫论		一〇	一八	
真文忠公政经	一	一〇	一八	
心经	一	一〇	一八	
张子语录后录	五	一〇	一八	
龟山先生语录后录	六	一〇	一八	
游宦纪闻		一〇	一八	
夷坚志支壬残	八存	一〇	一八	
南华真经	一〇	一〇	一八	
酒经	三	一〇	一八	
新刊履斋示儿编	二三	一〇	一九	
武经七书		一〇	一九	

（续表）

书名	卷数	行数	字数	备考
重校正活人书残	三存	一〇	一九	
魏氏家藏方残	一〇	一〇	一九	
芝田居士证论选奇方后集残	一〇	一〇	一九	
三历撮要	一	一〇	一九	
论衡	三〇	一〇	一九至二一	
白孔六帖残	三八存	一〇	一九	小字双行
酉阳杂俎正续集	三〇	一〇	一九	
新雕洞灵真经	五	一〇	一九或二〇不等	
丽泽论说集录	一〇	一〇	二〇	
读书记乙集上大学衍义	四三	一〇	二〇	
自警编	一六册	一〇	二〇	
童蒙训行	三	一〇	二〇	
伤寒总病论	六	一〇	二〇	
修治药法	一	一〇	二〇	
严氏济生方	一〇	一〇	二〇	
论衡	三〇	一〇	二〇	
淮南子		一〇	二〇	
世说新语		一〇	二〇	
道德经建安余氏本	二	一〇	二〇不等	
老子注建安虞氏本	二	一〇	二〇	
六韬	六	一〇	二〇	
孙子	三	一〇	二〇	
吴子	三	一〇	二〇	

（续表）

书名	卷数	行数	字数	备考
司马法	三	一〇	二〇	
尉缭子	五	一〇	二〇	
李卫公问对	三	一〇	二〇	
容斋续笔	一六	一〇	二一	
山海经	三	一〇	二一	
十二先生诗宗集韵	二〇	一〇	二三	
备急灸法	一	一〇	二四、二五、二六不等	
古今绝句	三	一〇	一四	
陶渊明集	一	一〇	一六	
鲍参军集		一〇	一六	小字不等
欧阳文忠公居士集	五〇	一〇	一六	
周益公集残	六九存	一〇	一六	
宝晋山林集拾遗	八	一〇	一六	
诚斋集端平元年罗茂良刊本		一〇	一六	
渭南文集	五〇	一〇	一七	
王文公文集	七〇	一〇	一七	
文苑英华纂要	四	一〇	一七	
谢宣城集		一〇	一八	
江文通文集	一〇	一〇	一八	
高常侍集		一〇	一八	
昌黎先生文集		一〇	一八	
五百家注音辨唐柳先生文集残	一一存	一〇	一八	小字二三
韦苏州集	一〇	一〇	一八	

（续表）

书名	卷数	行数	字数	备考
唐山人诗	一	一〇	一八	
女郎鱼玄机诗	一	一〇	一八	
甲乙集	一〇	一〇	一八	
许丁卯集	二	一〇	一八	
朱庆余集	一	一〇	一八	
唐李推官披沙集		一〇	一八	
浣花集	存四至一〇前三卷	一〇	一八	
李丞相诗集	二	一〇	一八	
周贺诗集	一	一〇	一八	
镡津文集	二〇	一〇	一八	
古灵先生集	二五	一〇	一八	
东坡集		一〇	一八	
谢幼槃文集	一〇	一〇	一八	
增广笺注简斋诗集	三〇	一〇	一八	注双行同
无住词	一	一〇	一八	注双行同
义丰文集残	存五六叶	一〇	一八	
勉斋先生黄文肃公集附集语录年谱	四三	一〇	一八	
朱文公文集	一〇〇	一〇	一八	
西山真文忠公集	五五	一〇	一八	
古文苑	二一	一〇	一八	注双行，双二一字
唐僧宏秀集		一〇	一八	

（续表）

书名	卷数	行数	字数	备考
唐诗始音		一〇	一八	
唐百家诗选残	一一存	一〇	一八	
三苏文粹蜀大字本	七〇	一〇	一八	
东山词残	一存	一〇	一八	
徐公文集	三〇	一〇	一九	
东莱集注观澜文两集	八	一〇	一九	
晦庵先生文集	一〇〇	一〇	一九	
王梅溪集注分类东坡先生诗集		一〇	一九	小字夹注二五
莆阳居士蔡公文集	三六	一〇	一九	
皇朝文鉴	一五〇	一〇	一九	
李翰林集咸淳本	三〇	一〇	二〇	
新刊唐陆宣公集	二二	一〇	二〇	
蔡忠惠集		一〇	二〇	
古灵先生文集	二五	一〇	二〇	
哲宗皇帝即位使辽语录	一	一〇	二〇	
东观集		一〇	二〇	
东莱吕太史文集	一五	一〇	二〇	
崔舍人玉堂类稿并目录附录西垣类稿	二四	一〇	二〇	
北山小集	四〇	一〇	二〇	
后村居士集	五〇	一〇	二〇	
元丰类稿并续附	五一	一〇	二〇	
文章正宗	二四	一〇	二〇	注字同
金石例至正鄱阳本		一〇	二〇	小字双行
伊川击壤集残	四存	一〇	二一	

（续表）

书名	卷数	行数	字数	备考
后村居士集槧本	五〇	一〇	二一	
文选六臣注	六〇	一〇	二一	
西山真文忠公文章正宗	二四	一〇	二一	
新雕圣宋文海残	五	一〇	二二	
唐文粹	一〇〇	一〇	二五	
又	一〇〇	一〇	二六	
增修互注礼部韵略	五	一〇	一四	小字二十八九字不等
周易王弼注		一一	一七	小字双行，一八字
禹贡集解	二	一一	一八经文	
春秋公羊经传解诂	一二	一一	一九	小字二七
春秋穀梁传	一二	一一	一八或一九	注双行，行二七字
春秋经传集解巾箱		一一	二〇	小二一字
鲁斋书疑	九	一一	二一	
周礼郑氏注		一一	二一	小字双行
纂图互注礼记	二〇	一一	二一	小字双行，行二十五六字不等
周易新讲义	一〇	一一	二二	注二六字
左传句读直解		一一	二四	
新雕入篆说文正字	一		二四小	
通鉴费氏进修堂大字本	二九四	一一	一九	
资治通鉴考异	三〇	一一	一九	小字二三
通鉴纪事本末	四二	一一	一九	

（续表）

书名	卷数	行数	字数	备考
又淳熙湖州大字本	四二	一一	一九	
资治通鉴考异	三〇	一一	二〇	
建康实录	二〇	一一	二〇	小三〇字
战国策剡川姚氏本	三三	一一	二〇	
西汉会要	七〇	一一	二〇	
古史	六〇	一一	二二	
国朝诸臣奏议	一五〇	一一	二二	
通鉴总类	二〇	一一	二三	
邓析子	二	一一	一五	
庄子鬳斋口义		一一	一七	小一八字不等
刘子	一〇	一一	一八	
老子鬳斋口义	二	一一	一八	
说苑	二〇	一一	二〇	
新序	一〇	一一	二〇	
中说	一〇	一一	二〇	注双行，行二五字
伤寒总病论		一一	二〇	
伤寒百问经络图	九	一一	二〇	
全婴方论	二三	一一	二〇	
陈思书小史	一〇	一一	二〇	
图画见闻志书棚本	六	一一	二〇	
金壶记	三	一一	二〇	
米芾砚史	一	一一	二〇	
梦溪笔谈	二六	一一	二〇	
挥麈前录	四	一一	二〇	

（续表）

书名	卷数	行数	字数	备考
事类赋	三〇	一一	二〇	
大慧普觉禅师普说	一	一一	二〇	
纂图互注荀子	二〇	一一	二一	
纂图互注扬子法言	一〇	一一	二一	
中说	一〇	一一	二一	
大学衍义	四三	一一	三一	
韩非子		一一	二一	
本草衍义	二〇	一一	二一	
增广校正和剂局方	五	一一	二一	
活人事证方	二〇	一一	二一	
纂图互注老子道德经	二	一一	二一	
冲虚至德真经	八	一一	二一	
纂图互注南华真经	一〇	一一	二一	
广成先生玉函经	一	一一	二一	
纂图互注扬子法言	一〇	一一	二二	小字双行，行二五字
鸡峰普济方	二四	一一	二二	
类编朱氏集验医方	一五	一一	二二	
云溪友议		一一	二二	
历代编年释氏通鉴	一二	一一	二二	
续博物志		一一	二三	
孟东野诗集	一〇	一一	一六	
杜工部草堂诗笺残	二六存	一一	一九	
东莱先生诗律武库	三〇	一一	一九	
云庄四六余话		一一	一九	

（续表）

书名	卷数	行数	字数	备考
陆士衡集	一〇	一一	二〇	
骆宾王文集蜀本	一〇	一一	二〇	
张燕公集		一一	二〇	
王右丞文集	一〇	一一	二〇	
王摩诘文集	一〇	一一	二〇	
李太白文集元丰晏氏本	三〇	一一	二〇	
任渊山谷黄先生大全诗注残	一至一八存	一一	二〇	小二四字
鹤山集	一一〇	一一	二〇	
雪窦颂古集拈古集瀑泉集祖英集	五	一一	二〇	
白氏文集残	一七存	一一	二一	
注胡曾咏史诗	三	一一	二二	
集注东坡诗前集残	一存	一一	二二	
王黄州小畜外集残	七	一一	二二	
参寥子诗集	一三	一一	二四	
周易本义咸淳乙丑刊本	一二	一二	一五	
吕氏家塾读诗记		一二	一九	
礼部韵略麻沙本		一二	二〇	
纂图互注毛诗	二〇	一二	二一	
纂图互注周礼	一二	一二	二一	小字双行，二十五六不等
纂图互注重言重意周礼单郑注附释文	一二	一二	二一	小字行二五字
钜宋重修广韵	五	一二	二一	注双行，三四字

（续表）

书名	卷数	行数	字数	备考
伊川先生校点附音周易	二	一二	二二	
吕氏家塾读诗记	三二	一二	二二	
周礼巾箱本	一二	一二	二三	小字双行
春秋正义小字本	三六	一二	二二或二四不等	
左传小字		一二	二三或二四不等	
钜宋广韵		一二		小字双行，行约三十一二字
史记	一三〇	一二	二二	注二八字
五代史记		一二	二二	
通鉴释文	三〇	一二	二一或二二不等	小字三〇
李侍郎经进六朝通鉴博议	一〇	一二	二二	
致堂先生读史管见	八〇	一二	二二	
史记淳熙本	一三〇	一二	二三	
致堂读史管见	三〇	一二	二三	
东都事略	一三〇	一二	二四	
史记淳熙辛丑澄江耿东本	一三〇	一二	二五	
史炤通鉴释文	三〇	一二	三〇	
经效产宝	三	一二	一八	
颜氏家训淳熙台州公库本	二	一二	一八	
锦绣万花谷零本	四	一二	一九	
脉经	一〇	一二	二〇	
经史证类大观本草	三一	一二	二〇	小字双行，行二四字

（续表）

书名	卷数	行数	字数	备考
百川学海		一二	一〇	
山海经		一二	一〇	
清波杂志	一二	一二	二〇	
春明退朝录	三	一二	二〇	
纂图互注六子		一二	二〇	小字二三字
纂图互注老子	二	一二	二〇	小字二三
本草衍义	二〇	一二	二一	
千金要方		一二	二二	
妇人良方		一二	二二	
养生必用方		一二	二二	
淮南鸿烈解小字本	二一	一二	二二	小二五字
纬略		一二	二二	
通玄真经	一二	一一	二三	双行夹注，行二五字
管子	二四	一二	二三	注二八字
三因极一病证方论巾箱本	一八	一二	二三	
白虎通	二	一二	二三	
夷坚志支甲残		一二	二三	
管子	二四	一二	二四	
皇朝仕学规范淳熙本	四〇	一二	二五	
冲虚至德真经列子张湛处度注	八	一二	二五	
纂图互注南华真经	一〇	一二	二六	
白氏六帖	三〇	一二		未记字数
三苏先生文粹		一二	一八	
山谷老人刀笔	二〇	一二	一九	

（续表）

书名	卷数	行数	字数	备考
二李唱和诗集	一	一二	一九至二〇不等	
范文正集饶州路刊本		一二	二〇	
温国文正司马公文集	八〇	一二	二〇	
传家集		一二	二〇	
范忠宣集嘉定永州椠	二〇	一二	二〇	
临川王先生文集	一〇〇	一二	二〇	
李学士新注孙尚书内简尺牍	一六	一二	二〇	小二五字
批点分类诚斋先生文脍前后集	二四	一二	二〇	
王公四六话	二	一二	二〇	
离骚草本疏	四	一二	二一	
朱文公校昌黎先生集		一二	二一	
集于家注分类杜工部诗	二五	一二	二一	注二六字
孟浩然诗集	五	一二	二一	
刘梦得文集残		一二	二一	
刘文房集残		一二	二一	
姚少监诗集		一二	二一	
欧阳文忠公集				
李善注文选	三〇	一二	二一	
侍郎葛公归愚集		一二	二二	
增刊校正王状元集注分类东坡先生诗		一二	二二	
丽泽集诗	三五	一二	二二	
三谢诗	一	一二	二二	
迂斋先生标注崇古文诀残		一二	二三	

（续表）

书名	卷数	行数	字数	备考
毛诗郑笺		一三	二〇	
晦庵先生朱文公易说	二三	一三	二一	
乐书	二〇〇	一三	二一	
新刊直音旁训纂集东莱先生毛诗句解	一五	一三	二二或二三	小字二十五六不等
春秋权衡	一七	一三	二二	
九经直音巾箱本	一五	一三	二二或二三不等	
礼部韵略零本	二存	一三	二一或二二	注双行，二九字
毛诗郑笺		一三	二四	
毛诗举要	三	一三	二四	
周礼	一二	一三	二五	小三五字
九经补韵		一三	二八	
东南取进舆地通鉴	三〇	一三	一九	
陆状元集百家注资治通鉴详节蔡氏家塾椠	一二〇	一三	二二	
后汉书	一二〇	一三	二三或二四不等	
续资治通鉴长编撮要	一〇八	一三	二三	
通鉴纪事本末淳熙严州本	四二	一三	二四	
汉书中字密行本		一三	二五	
三国志残	二二存	一三	二五	
近思录		一三	一四	小字二十五六不等
类证普济本事方前后集	二〇	一三	二一	

（续表）

书名	卷数	行数	字数	备考
景德传灯录	三〇	一三	二一至二五不等	
黄帝明堂灸经	一	一三	二二或二三	
十便良方	四〇	一三	二二	
太平御览	一〇〇〇	一三	二二、二三、二四不等	
备急千金要方	三〇	一三	二三	
刘涓子鬼遗方	五	一三	二三	
纂图附释文重言互注老子道德经小字本	二	一三	二三	
近思录续录	二三	一三	二四	小字二十五六字不等
新刊音点性理群书句解后集	三二	一三	二四	小字二十五六字
外台秘要	四〇	一三	二四	
新刊监本册府元龟残	九存	一三	二四	
五灯会元零	二存	一三	二四	
大宋新修太平圣惠方	一〇〇	一三	二五或二六	
白氏六帖事类聚	三〇	一三	二六或二七不等	小字双行
尊白堂集		一三	二二	
会昌一品制集		一三	二二	
白氏文集	七一	一三	二二至二五不等	

（续表）

书名	卷数	行数	字数	备考
王状元集百家注分类东坡先生诗	二五	一三	二二	注一七字
朱文公校昌黎先生文集	四〇	一三	二三	
元氏长庆集残	五存	一三	二三	
柳河东集		一三	二三	
后山诗注	一二	一三	二三	注亦用大字
西汉文类残	五	一三	二四	分注二五至三〇字不等
唐文粹残	三四	一三	二五	
许彦周诗话		一三	二八	
家礼	六	一四	一四	注双行，二一字
仪礼经传通解	三七	一四	一五	
又续	二九	一四	一五	
春秋经传杜氏集解小字本残	二三存	一四	二三	小二三字
仪礼郑氏注严州本	一七	一四	二五	小三〇字不等
仪礼注小字本		一四	二四	
张子韶孟子传	二九	一四	二五	
春秋传	三〇	一四	二六	
九经补韵	一	一四	二八	
周礼注		一四	三二或三三	
吴志咸平刊本	三〇	一四	二三	
集百家注资治通鉴详节	一二〇	一四	二三	小字双行，行二六字
通鉴纪事本末撮要	八	一四	二三	

（续表）

书名	卷数	行数	字数	备考
史记集解		一四	二四、二五、二六、二七不等	注文每行二字
汉书湖北庾司本		一四	二四	
后汉书小字本		一四	二四或二五	注二八字至三〇字
东莱先生校正南史详节	二五	一四	二五	
史记小字本		一四	二五	
三国志	六五	一四	二五	
吴志单行本	二〇	一四	二五	
晋书麻沙细字本		一四	二五	
唐书残	六七	一四	二五	
又	二五〇	一四	二五	
旧唐书	六一	一四	二五或二六不等	小字三〇、三一不等
通鉴外纪详节	一〇	一四	二五	
史记残	四存	一四	二六	注三一至三五字不等
史记集解	一三〇	一四	二四至二七不等	注每行三四至三九不等
晋书小字本		一四	二六或二七	
史记残		一四	二七至二九不等	注每行三一至三四字不等
晋书	一三〇	一四	二七	
意林		一四	二二	

（续表）

书名	卷数	行数	字数	备考
新编翰苑新书零	四〇	一四	二二	
诸病源候论	五〇	一四	二三	
新编通用启劄截江网甲乙丙丁戊己庚辛壬癸集	七四	一四	二三	小字双行
朱子语类	一四〇	一四	二四	
仁斋直指方论	二六	一四	二四	
册府元龟残	四八〇存	一四	二四	
中说	一〇	一四	二五或二六	
疑龙经	一	一四	二五	
百川学海		一四	二八	
嘉祐集	一五	一四	二五	
欧阳先生文粹	五	一四	二六	
御注孝经	一	一四	二二至二五不等	
尚书正义	二〇	一五	二四	
仪礼疏行景德官本	五〇	一五	二七	
尔雅疏行官本	一〇	一五	三〇	
新刊名臣碑传琬琰集	一〇七	一五	二五	
吕大防点校标抹增节备注资治通鉴残	七三	一五	二六	
通典	二〇〇	一五	二八	
夷坚志零	三〇	一五	二〇	
新笺决科古今源流至论前后续别集	四〇	一五	二三	

（续表）

书名	卷数	行数	字数	备考
重雕足本鉴戒录小字	一〇	一五	二四	
源流至论	四〇	一五	二五	
类编秘府图书画一元龟乙集		一五	二四或二五不等	
白氏六帖事类集零	六	一五	二六或二七字	注双行，三十一二字
景德传灯录	一〇至一二	一五	二八	
万宝诗山集巾箱本	三八	一五	二三	
类编增广老苏先生大全文集残	四	一五	二五至二七不等	
唐贤文粹	一〇〇	一五	二五	
唐文粹	一〇〇	一五	二六不等	
类编增广黄先生大全文集	五〇	一五	二七	
玉台新咏陈至父本	一〇	一五	三〇	
集古文韵	一第三	一六	九	小字一八
圣宋文选小字本	三三	一四	二八	
三苏文粹	七〇	一九	二六	
九经婺州本		二〇	二五	
五经正文		二〇	二七	
九经白文		二〇	二七	

八

宋代刻书本的缺点

看了上面几篇文字，宋代刻书的大概，约略可以知道了。宋代刻书的精密，当然要使后人赞美，可是宋刻的书，不是没有缺点的。第一，它的字句不是完全和古本相同；第二，中间很多错误的地方。现在且把这两点分开来说：

（一）异古本

宋本的书，有不可完全依据他的，经部中间像《四书》朱注本，就和单注单疏的不合，还有《易》程传、《书》蔡传、《春秋》胡传，中间经文沿误的地方，大都和《唐石经》及北宋蜀刻本不同。因为宋代的学者，仅注意在义理方面，对于字句的校勘方面，不能像汉代学者那样运用科学方法来仔细整理，所以这类的书本，我们只好看重他是宋板，看重他雕刻的精致，当作玩赏的资料，对于校雠上没有多大的用处。南宋刻书最有名的，要算岳珂相台家塾所刻的《九经三传》，别有总例，似乎审定得非常精密了，可是一拿唐蜀石经校勘起来，便觉得有“彼长而此短”的缺憾。所以北宋蜀刻诸经可贵的地方，就因他根据《唐石经》出来。宋本中间建安余氏所刻的书，不能比俗本高明，就因他但根据监本、司漕本的缘故。至于史部、子部的书，也要算北宋蜀刻的最好，我们倘从各藏书题跋中所称引的《史记》《汉书》《后汉书》《三国志》考据起来，也可得其大概了。子部的书像熙宁吕夏卿刻的《荀子》，比淳熙江西漕司钱佃本好得多；北宋刻十行本注文的《世说新语》，完全胜过南宋陆游本。像这类的书，我们当然不能因为同是宋刻，而把他看作一例的。

（二）多讹舛

王士禛《居易录》二说："今人但贵宋本，顾宋板亦多讹舛。但从善本可耳！如钱牧翁所定《杜集九日寄岑参诗》从宋刻作两脚，但如旧而注其下云'陈本作雨'，此甚可笑。《冷斋夜话》云，老杜诗'雨脚泥滑滑世俗'，乃作'两脚泥滑'，此类当时已辨之，然犹不如前句之必不可通也。"要知宋刻的谬误，不仅这些。像卢文弨《抱经堂文集》所跋《白虎建德论》宋刻二卷本，开卷即讹"通德"为"建德"；陆《志》载宋刻任渊注《山谷黄先生大全诗注》二十卷，前序称"绍兴鄱阳许尹叙"，"绍兴"下脱年月，都是可笑。又像陆《跋》宋本《王右丞集》十卷说："卷六末有跋凡七十余字，为元以后刊本所无；卷五《送梓州李使君》'山中一半雨，不作'山中一夜雨'，与《敏求记》所记宋本同。惟卷二《出塞》作，脱二十一字，不免白璧微瑕耳。"《钱》载："宋阮仲猷种德堂本《春秋经传集解》前牌子方印文'了无窒碍'，

‘窒’误作‘室’。”这种错误虽是无关紧要，但也可见当时校勘的忽略。并且可以想到，和这类同样的错误，一定还有不少，不过后来迷信宋本的藏书家，不肯将他一一指出来罢了。陆《续跋》有宋椠宋印建本《北史》一百卷，说：“光宗时刊本，纸白如玉，字体秀劲，与福建蔡氏所刊《草堂诗笺》《史记》《陆状元通鉴》内简尺牍相似，当亦蔡行父文子辈所刊，校雠不精，讹羼所不能免，在宋刊中未为上乘。”陆《志》有《管子》二十四卷，为敕先贻典宋本，其后跋云：“古今书籍，宋板不必尽是，时板不必尽非。然较是非以为常，宋刻之非者居二三，时刻之是者无六七，则宁从其旧也。余校此书一遵宋本，再勘一过，复多改正，后之览者其毋以刻舟目之。康熙五年，岁次丙午，五月七日，敕先典再识。”看了这一般文字，可知前代人的校书，对于宋板并没有什么偏见，那么，现在许多崇拜假古董的藏书家，绝对相信宋本，又是前代校书家的“罪人”了。

九

宋代藏书家的历史

宋初承五季战争之后，文物都归散失，建隆初，官府所藏的书，只有二千多卷。乾德元年平荆南，三年平蜀，开宝八年平江南，都把他们的图籍收集起来，放在馆阁里边。钱俶来朝，又将他的书收回来，从此以后，各种的书就渐渐完备了。可是北宋一百六十年中间，还屡次下诏征求遗书。凡是民间有将书献进来的，或是给他绢，或是给他钱，或是给他补官。可见当时的书，都散在民间。加以雕板盛行以后，得书的机会，当然要比较多些，于是便开宋以来民间聚书的风气。现在我且把宋代藏书家的历史叙述在下面：

宋初的藏书家，要算江正，字元叔，江南人，他曾做过越州刺史。越有钱氏时书，他便借来誊写，后来连原本也归他了，等到攻破了江南，又把他的遗书，取了回来，和吴越所得的书合计起来，差不多有几万卷。后来做安陆刺史，就住在那边，并且将他的书都带了去，特地造了屋子将它贮藏起来。他死了以后，他的子孙不能保守，都散失在民间，参考王明清《挥麈后录》。

和江正同时的，有王溥、李昉和杨徽之。王溥，字斋物，并州祁人（922—982）。起初曾做过周世宗的丞相，到了宋朝，进司空兼修国史，他家里藏唐代的旧书很多。参考高似孙《史略》卷五。李昉，字明远，饶阳人（925—996）。藏书很富，甚至辟了学馆，延了许多学家，供给他们的膳食。杨徽之，字仲猷，浦城人（921—1000）。

周显德年间，中举进士，累官右拾遗，真宗时宫至翰林学士，藏书极多。可是也没有儿子，于是便把所有的书，都送给他的外孙宋绶，字公垂，赵州平棘人（991—1040）。绶通经史百家文章，大家很看得起他。那时，毕士安，字仁叟，代州人（940—1005），精于校雠，藏的善本很多，他死了以后，所有的藏书也都归绶。他既得了杨文庄、毕文简的书，并且这些书都是秘府所没有的，于是便成为北宋时代的一个大藏书家。见沈括《梦溪笔谈》。

宋绶的儿子敏求，字次道（1019—1079）。藏书三万卷，都经过三五的校雠，其中最多的，便是唐代人的诗集。见徐度《却扫篇》卷中。苏颂称"敏求家藏书数万卷，多文庄、杨徽之。宣献宋绶。手泽，与四朝赐札，藏秘惟谨。或缮写别本，以备出入，故其收藏，最号精密。"见《苏魏公文集》卷五十一《宋敏求神道碑》。元符年间，被劫于火，这确是文献上一桩很不幸的事。

仁宗的时候，宋城王洙和他的儿子钦臣，邯郸李淑，都是公卿当中藏书最富的。洙字原叔（997—1057），欧阳永叔说他："泛览博记，自《六经》《史记》、百氏之书，至于图纬阴阳、五行律吕、星官算法、训故字音，无所不学”。见《庐陵集》卷三十一《王公墓志铭》。他的儿子钦臣，字仲至，爱好古书，颇为欧阳修所称赞，藏书几万卷，亲手校雠，后世以为善本。徐度称：“所见藏书之富者，莫如南都王仲至侍郎家，其目至四万三千卷，而类书之卷帙浩博，如《太平广记》之类，皆不在其间。虽秘府之盛，无以踰之。”又说：“钦臣每得一书，必以废纸草传之，又求别本参校，至无差误，乃缮写之。必以鄂州蒲圻县纸为册，此本专以借人，及子弟观之。又别写一本，以绢素背之，号镇库书，非己不得见也。”都见《却扫编》卷下。李淑，字献臣，是若谷的儿子，真宗赐进士及第，累迁龙图阁学士，有《邯郸图书志》十卷。载所藏图书五十七类，经、史、子、集通计一千八百三十六部，二万三千一百八十六卷，此外又有《艺术志》《道书志》《书志》《画志》共计八目，见《郡斋读书志》卷九。他的儿子德刍，再把他的目录集成三十卷，见王应麟《玉海》卷五十二。靖康的时候，金兵入寇，所有的都散失了。见《渭南文集》卷二十八《跋京本家语》。

当时各处士民像亳祁氏、鄱阳吴氏良嗣有《籯金堂书目》三卷；荆州田氏伟作博古堂，藏书五万七千卷，他的儿子镐有《书目》三卷；濡须秦氏元祐二年有书目；历阳沈氏立有《沈氏书目》；大梁蔡氏致君，苏过《斜川集》卷二有《夷门蔡氏书目序》，收藏的书，都非常丰富，可惜不久便散佚了。

皇祐以后，士大夫中间以藏书出名的，有司马光、李常和刘恕。光，字君实，夏县人(一〇一九——〇八六)。在神宗的时候，因反封王安石的新法去官。在洛十五年，不问政事，藏书一万多卷，立读书堂，一天到晚在那里披阅。他自己说："熙宁四年，始家洛。六年买田二十亩于尊贤坊北，辟以为园。其中为堂，聚书出五千卷，命之曰读书堂。"见《司马文正公集》卷六十九《独乐园记》，又卷四十五《独乐园七詠》。费衮说："温公独乐园之读书堂，文史万余卷，而公晨夕所常阅者，虽累数十年皆新若手未触者。尝谓其子公休曰，吾每岁以二月及重阳间，视天气晴明日，即设几案，于当日所，侧群书其上，以曝其脑。至于启卷，必先视几案洁淨，借以茵褥，然后端坐看之，或欲行看，即承以方板，未尝敢空手捧之，非惟手汗渍及，亦虑触动其脑。"见《梁谿漫志》卷三。看了这段话，可以知道他对于书籍的宝贵了。

李常，字公择，建昌人，其事迹见《秦淮海后集》卷六《李公择行状》和《苏魏公集》卷五十五《李公择墓志铭》(一〇二七——〇九〇)，是皇祐年间的进士。早年在庐山五老峰下白石庵的僧舍里读书，他去了以后，书还是藏在山中。山中的人，很纪念他，指他所住的地方叫作李氏山房，他藏的书，有九千多卷，参考《苏东坡全集》卷十一《李氏山房记》。熙宁年间，他又做右正言，和王安石非常要好，因论新法，谪为滑州通判，常和苏东坡、黄山谷、秦少游这班人互相唱和，因为他年纪最大，所以大家都很尊敬他。他不将自己的书藏在家里，而却藏在僧舍里让大家使用，颇有公共图书馆的意思。

刘恕，字道原，筠州人(一〇三二——〇七八)，十八岁的时候就举了进士，喜欢研究史学。记忆力很强，闾里所录，私记杂说，无所不览，无论钜细，都能稽考。那时却好司马光奉诏修《资治通鉴》，就奏请要他同做这个工作。凡是烦琐杂乱的部分统通委托他去整理。这时宋敏求做亳州的知州，收藏很多，他便特地到那边去参观。敏求天天供给他很丰盛的酒食，可是他毫不理会，只是关着门整日整夜的读和钞，十天工夫，把所有的书都钞读完全而去，他的眼，便因此得了翳疾，参考《司马文正公集》卷六十六刘道原《十国纪年序》。黄庭坚称："《通鉴》未成而恕下世，后七年书奏御论修书之功，有诏录其子羲仲为郊社斋郎，元祐七年刻《资治通鉴》版，书成，又詔书赐其家，诸儒以为宠。"见《黄庭坚集》卷二十三《刘道原墓志铭》。羲仲，字壮舆，也好藏书，能傅他父亲的家学，曾经指摘出欧阳公《五代史》的错误，作为纠缪，参考《却扫篇》卷中。朱弁说："道原日记万言，终身不忘，壮舆亦能记五六千字。"见《曲洧旧闻》卷五。壮舆死了没有后嗣，他的书便扫南康军官库。几年以后，胡少汲经遇南康，要访求他的遗书，可是已完全散失了，参考陆游《老学庵笔记》卷九。

元祐以后，晁说之，字以道，钜野人（1059—1129），和贺铸，字方回，卫州人，收藏都很丰富，并且精于校雠。说之五代藏书，虽然比不上宋宣献，可是论到校雠的精确，却不是宋宣献所能及。参考《史略》卷五。贺铸在元祐年间，曾经做过通直郎和泗州通判，又做过太平州倅。藏书一万多卷，自己亲手校雠，没有一个脱误的字。参考叶梦得《建康集》卷八《贺铸传》。他的子孙，在绍兴初年间将他的旧书拿出来鬻

叶梦得

选自清道光九年（1829）长洲顾氏刊本《吴郡名贤图传赞》

卖，高祖知道了这回事，就把所有的书完全收买了来，藏在馆阁里边，参考《建炎以来朝野杂记》卷四。

靖康时代，政治纷乱，已达极点，秘阁所藏的书和士大夫家藏的，都散失了。高宗南渡，北方被金元所占据，南方的士气，也萎靡不振，文化衰歇，图籍散佚，藏书之家，非常缺乏。那时只有叶梦得，字少蕴，吴县人（1077—1148），少年贵盛，很喜欢收书，所藏的大约在十万卷以上，都放在霅川弁山山居，建筑书楼，非常华美。参考《挥麈后录》卷七。他自己说："自宣和五年卜别馆于弁山之石林谷，旧藏书三万余卷。丧乱以来，所亡几半，山居狭隘，余地置书囊无几，雨漏鼠齧，日复蠹败。"见《避暑录话》卷。丁卯年（1174），他的宅子和书都遭火劫，差不多完全散失，于是又建细书阁来藏公家的书，参考《建康集》卷四《细书阁记》。也可以说是宋代的公共图书馆。

梦得的表弟有叫晁公武的，是南宋时代的一个大藏书家。公武，字子止，钜野人，他的父亲名叫冲之，字叔用，是说之的弟弟，有《具茨集》。他家自文元公以来，都以翰墨为生涯，几乎每一个人都有集子，所以家里藏书很多。文元晁迥、文庄晁宗悫父子，以文章德业，为当世所称重，在真宗、仁宗两朝，做了很大的官。他们的赐宅在北京昭德坊，因此就有“昭德家”的名号。公武在靖康末年，因避乱逃到四川，绍兴年间，举进士第，做四川转运使井度的属官。度，字宪孟，南阳人，常以俸钱的一半来传录异书。那时巴蜀因不受兵祸，所以很多异本，经过二十多年，所藏的书非常丰富。罢官以后，把这些书用船载回，住在庐山底下。他和公武素来非常要好，就把这些书都送给公武。公武从井氏得来的书，共五十箧，和他家里旧藏的书合计起来，有二万四千五百卷。他既得了这大批的书，一天到晚便在那里校雠，每篇终了以后，又将他的大意评论一下，于是就做成了他的《读书志》，因那时方守荣州，所以叫作《郡斋读书志》，参考《读书志》绍兴二十一年晁公武自序，又姚觐元钱保塘稿本《涪州石鱼文字所见录目》晁公武题各条。这书著录当代的著作尤加详细，这样一来，《郡斋读书志》的著作者晁公武，便成为宋以来目录学家的祖师了。

南宋时代的藏书家，最兴盛的地方要算是越、闽两处。《嘉泰会稽志》说：“越藏书家有三曰：左丞陆氏、尚书石氏、进士诸葛氏。陆氏为陆宰，诸葛氏为诸葛行仁，石氏则石公弼也。先是绍兴五年六月，诸葛行仁进所藏书八千五百四十六卷，赏以官实。绍兴十三年始建秘书省，诏求遗书于天下，首命绍兴府录会稽陆宰家所藏书来上，凡万三千卷有奇。见卷十六。据这段记载所说，也可见陆氏、诸葛氏两家在当时藏书的盛况了。陆宰是陆佃（1042—1102）的儿子，陆游（1125—1220）的父亲。他的儿子陆游，字务观，是南宋时代有名的诗家，和尤袤、杨万里、范成大齐名，曾经做过两川的官，去官的时候，不载一些别的东西，只把四川所有的书，一概买了回来，在他的《书巢记》，见《渭南文集》卷十八，说得非常明白。那时福建一区，因不受兵火，所以前代的书籍，多半还保存着。可是藏书最盛的地方，要算是莆田。郑樵，字渔仲，是莆田人，学问极博，又善记忆，常常和当时的藏书家来往。他在《校雠略》里说："莆田李氏，曾守和州，颇多历阳沈氏之书。同邑陈氏，尝为湖北监军，或有荆州田氏之书。"又说："漳州吴氏，其家甚微，其官甚卑，然一生文字间，至老不休，故所得之书，多蓬山所无者。"吴与字可权，有《书目》四卷；莆田方氏渐，知梅州，积书数千卷，皆手自窜定，增四壁为阁，以藏其书，榜曰"富文"，见《澹生堂藏书约》。这许多藏书家的书，他都去读过，于是便就研究所得，将天下古今的书，分类著录，成《群书会记》三十六卷，见《玉海》卷五十二。他自己说："虽不一一见之，而皆知其名数之所在。"见《献皇帝书》。又钞秘省所颁阙书目录，成《求书阙记》七卷，《外纪》十卷，见《玉海》卷五十二。现在这些目录都已不传了。南来的学者，大都偏重义理而忽略考证，可是郑樵的《通志》却是非常博洽，其中《校雠略》更是精密，中间虽也有武断的地方，而《论类例》《论亡书》《论求书》，都是很有价值的。

郑樵的从子侨，字惠叔，是乾道年间的进士。侨的儿子寅，字子敬，也喜欢收书，和陈振孙非常要好。振孙曾称引他的著述说："子敬以所藏书为《七录》，曰经，曰史，曰子，曰艺，曰方技，曰文，曰类。知枢密院，端平初召为都司，执法守正，出为漳州，以没。"见《直斋书录解题》卷八。

中兴以后的藏书家，要算尤袤（1127—1194）和陈振孙。袤，字延之，无锡人，绍兴十八年进士，官做到礼部尚书。尝取孙绰《遂初赋》以自号，光宗书匾赐给他，因此就拿"遂初"这两个字来当作堂名。在无锡九龙山下，藏书很多。李焘说："延之于书靡不观，观书靡不记。每公退则闭户谢客，日计手钞若干古书，其子弟及诸女亦钞书。一日谓余曰，吾所钞书，今若干卷，将汇而目之，饥读之以当肉，寒读之以当裘，孤寂而读之以当友朋，幽忧而读之以当金石琴瑟也。"见《遂初堂书目跋》。又杨万里《益斋藏书目序》，他的书目，《海山仙馆》本、《常州先哲遗书》本兼载数本，可以说是版本学的创始者。宋代藏书家很多，可是目录大多不存，除了晁氏的《读书志》以外，只有这种目录和陈振孙的《解题》。

陈振孙，字伯玉，号直斋，浙江安吉人，曾经做过鄞县学；见《解题》卷四；绍兴教官，见《齐东野语》卷八；南城宰，见《解题》卷三；兴化军佐，见《解题》卷七。端平三年，以朝散大夫知台州，除浙东提举。嘉熙元年改知嘉兴府，《会稽续志》卷二。淳祐四年，以振孙研精经术，有古典型，除国子司业，见徐元杰《梅野集》。九年，以某部侍郎，见《齐东野语》卷九。除宝章阁待制，改仕赠光禄大夫，见刘后村《大全集》外制。他自己说："弱冠时无书可观，虽二史亦从人借，尝于班书志传录出诸绍兴纪中相附，以便阅览。既仕于越，乃得见林氏书，而楼氏书近出。”《解题》卷五。又说：“尝仕于莆田，传录郑氏、方氏、林氏、吴氏书，至五万一千一百八十余卷。”见《齐东野语》卷十二。他仿照晁氏《读书志》的方法，做成《书录解题》，分做五十三类，对于卷帙，纪载得非常详细，并且加以很精当的批评。《四库提要》介绍这书说：“古书之不传于今者，得藉是以求其崖略；其传于今者，得藉是以辨其真伪，核其异同。”可见这书在考证上的价值了。

宋代末年的藏书家要算许棐和周密。许棐，字忱夫，海盐人。嘉熙年间，住在秦溪，他住的地方，种了许多梅花，因此就把它叫做梅屋，并且拿来称他的集子。他著的有《梅屋集》五卷，《献丑集》一卷，《樵谈》一卷，他自已在《献丑集·梅屋书目序》里说：“……贫而喜书，旧积千余卷，今倍之未足也。肆有新刊，知无不市。人有奇编，见无不录，故环室皆书。”周密，字公谨，的前代是济南人。他的曾祖，跟高宗南渡，因此便住在吴兴的弁山。到了晚年，住在杭州的癸辛街，做了一部书叫做《癸辛杂志》。可是他人住在浙江，而心却仍旧不忘却山东，所以他自署历山。宝祐年间，他曾做过义乌令，到了元朝，他就不做官了。据他自己所说：他家三代累积下来，共计有书四万二千多卷，还有三代以来镌刻的东西，共计一千五百多种。他藏书的地方，有书种、志雅二堂，天天在那里校读。他因为所遭的变故太多，所以不能把这许多书籍都好好地保藏起来，参考《齐东野语》卷十二。大概在宋末元初的时候，他的书籍已完全散失了。

总之，宋代私家的藏书，多半是自己亲手写录的，所以藏的书，大多是钞本。苏东坡说：“曾见老儒先生，自言其少时欲求《史记》《汉书》而不可得，幸而得之，皆自手书。”见《李氏山房记》。陈振孙在南宋的时代，还传录郑氏、方氏、林氏、吴氏的书五万一千一百八十多卷，可见这钞书的风气，始终是很兴盛的。可是自从雕板流行后，得书的机会比较多些，同时对于私家藏书直接受到的影响也是很大。以印书而论，最发达的地方要算是四川、江西、浙江、福建四处，而宋代的私家藏书，也跳不出这四中心点的范围。那时印售的书，既是很多，藏书家也跟着增加起来。北宋的藏书家，都集中在四川和江西，南宋的藏书家，都集中在浙江和福建，当时大概的情形是这样。

十

元代刻书的中兴

宋代以后，辽金年代短促，更经兵乱，文化几乎衰绝，我们觉得这时代的史料，不十分重要，比较的还是元代。但论到刻书，也不过平水一处；论到藏书家，除了元遗山以外，更没有第二个人，所以我们在这里只得从略。元代继辽金而起，可以说宋以后的刻书事业，到了这个才有中兴的气象。那时的刻书，也有出自官家、私家、书估、书肆的不同。现在我再拿来分别叙述一下：

（一）官家的刻书

《元史·百官志》说："至元二十四年，国子监置生员二百人；延祐二年，增置百人；兴文署掌刊刻经史，皆属集贤院。"又说："至元二十七年，立兴文署，召工刻经、史、子板，以《资治通鉴》为起端。"《元秘书监志》说："至元十年，太保大司农奏，兴文署雕印文书，属秘书监。本署设官三员，令一员，丞三员，校理四员，楷书一贝，掌纪一贝，镌字匠四十名，作头一，匠户十九，印匠十六。"又说："至元十四年十二月，中书省奏奉旨省并衙名，兴文并入翰林院。”可见当时官家刻的书，应该以“国子监本”为第一。现在可以分开来说：

1.“国子监本”，元祐三年，刻小字本《伤寒论》十卷，见杨《志》。

2.“兴文署本”，至元二十七年，刻《资治通鉴》二百九十四卷，瞿《目》、陆《跋》、莫《录》都见。刻胡三省《通鉴释文辨误》十三卷，见陆《跋》。

3.“各路儒学本”，“国子监本”和“兴文署本”而下，便算“各路儒学本”。现在分说如下：

（1）“中兴路儒学”，至元已卯，十六年，当宋帝昺祥兴，二年，刻沈棐《春秋比事》二十卷，见陆《续志》和陆《续跋》。

（2）“赣州路儒学”，至元壬辰，二十九年，刻张栻《南轩易说》三卷，见《四库书目提要》。

（3）“太平路儒学”，大德乙巳，九年，刻《汉书》百二十卷，《天禄琳琅》五、张《志》、瞿《目》都见。

（4）“宁国路儒学”，大德乙巳，刻《后汉书》一百二十卷，张《志》、瞿《目》、陆《志》、丁《志》、杨《录》都见。泰定乙丑二年，刻洪适《隶释》二十七卷，《隶续》七卷，见《四库书目提要》和瞿《目》。

（5）“瑞州路儒学”，大德乙巳，刻《隋书》八十五卷，瞿《目》、丁《志》、陆《志》、陆《跋》都见。

（6）“建康路儒学”，大德乙巳，刻《新唐书》

二百二十五卷，见丁《志》。

（7）“池州路儒学”，大德丙午，十年，刻《三国志》六十五卷，张《志》、莫《目》、丁《志》都见。

（8）“绍兴路儒学”，大德丙午，刻《越绝书》十五卷，《吴越春秋》十卷，见《四库书目提要》。又刻徐天祐《吴越春秋音注》十卷，见陆《志》和陆《跋》。

（9）“信州路儒学”，大德丙午，刻《北史》一百卷，钱《日记》、瞿《目》、丁《志》、陆《跋》、缪《记》、陆《志》都见。《南史》八十卷，见丁《志》和陆《跋》。

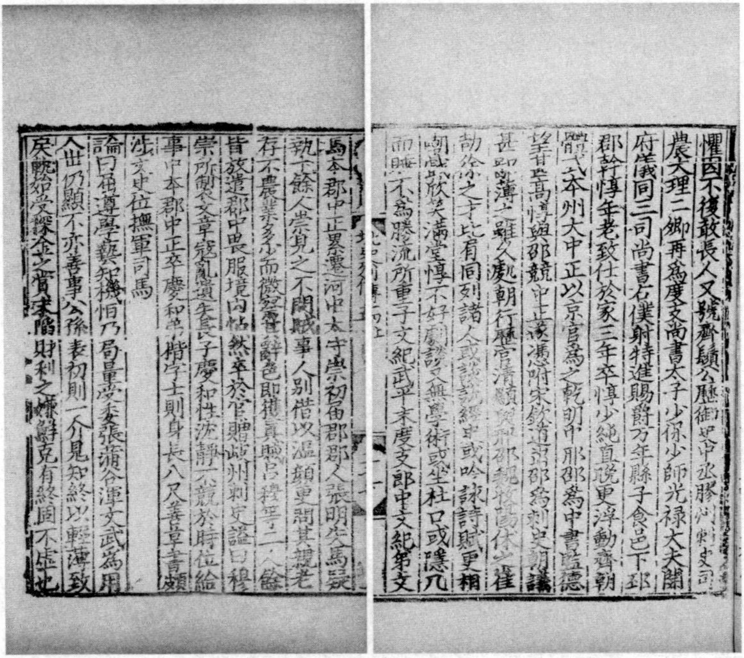

懼罪不復敢長人又號齊顯公歷御史中丞滕州刺史司
農大理二卿再爲度支尚書太子少保少師光祿大夫開
府儀同三司尚書右僕射特進賜爵方年縣子食邑下邳
郡幹惇年老致仕於家三年卒惇少純直晚更浮動齊朝
體式本州大中正以京官爲之乾明中那邵爲中書監德
望甚高惇與邵競中正遂憑附宋欽道出邵爲刺史朝議
甚鄙薄之雖久處朝行歷官清顯與邢邵魏收陽休之崔
劼徐之才比肩同列諸人或談說經史或吟詠詩賦更相
嘲戲欣笑滿堂惇不好劇談又無學術或竟坐杜口或隱几
而睡深爲勝流所輕子文紀武平末度支郎中文紀弟文

馬本郡中正累遷河中太守崇初爲郡郡人張明失馬疑
執十餘人崇見之不問賊事人別借以温顏更問其親老
存不農業多少而微察其辭色即獲真賊呂穆等二人餘
皆放遣郡中畏服境内帖然卒於官贈岐州刺史諡曰穆
崇所制文章寇亂遺失崇長子慶和性沈靜不競於時位給
事中本郡中正卒慶和弟楷字士則身長八尺善草書頗
涉文史位撫軍司馬
論曰[illegible]遵學藝知機恒乃局量[illegible]張蒲谷渾文武爲用
入世仍顯不亦善事公孫表初則一介見知終以輕薄致
戾觀始受[illegible]之賞終陷財利之嫌辭克有終固不虛也

《北史》

元成宗大德十年（1306），信州路儒学本。

（10）“无锡路儒学”，大德丁未，十一年，刻《风俗通义》十卷，《附录》一卷，见《四库书目提要》。

（11）“武昌路儒学”，皇庆二年，刻王申子《大易辑说》十卷，见《四库书目提要》。

（12）“临江路儒学”，延祐甲寅元年，刻张洽《春秋集传》二十二卷，《天禄琳琅后编》三、张《志》、陆《志》，陆《续跋》都见。

（13）“龙兴路儒学”，泰定初元，刻《唐律疏议》三十卷，见杨《志》。泰定四年，刻《脉经》十卷，见杨《志》。

（14）“嘉兴路儒学”，至大辛亥，四年，刻《陆宣公集》二十二卷，见陆《志》。至治壬戌二年，刻《王秋涧先生全集》一百卷。张《志》、陆《志》、陆《续跋》都见。至元四年，刻元沙克什《河防通议》二卷，见瞿《目》。至正丙戌六年，刻《吕氏春秋》二十六卷，孙《记》、吴《记》、瞿《目》、陆《志》都见。至正九年，刻《刘因静先生文集》三十卷，见张《志》和陆《志》。至正甲午十四年，刻《大戴礼记》十三卷，见《丁志》。

（15）“庆元路儒学”，泰定乙丑二年，刻《困学纪闻》二十卷，《天禄琳琅》六、孙《记》、张《志》、瞿《目》、陆《志》、陆《续跋》都见。后至元庚辰六年，刻《玉海》二百卷，附《词学指南》四卷，孙《记》、瞿《目》、莫《录》、陆《续跋》都见。

（16）“南京路转运使”，泰定乙丑，刻《贞观政要》十卷，见杨《志》。

（17）“集庆路儒学”，至顺四年，即元统元年，刻王构《修词鉴衡》二卷，见陆《志》。至正三年，刻奉元路学古书院山长张铉《金陵新志》十九卷，孙《记》、张《志》、朱《志》、瞿《目》、陆《志》、丁《目》都见。至正十年，刻丁复《桧亭集》九卷，见陆《志》。《乐书》二百卷，见杨《录》。

（18）“漳州路儒学”，至元改元，刻陈淳《北溪先生大全文集》五十卷，见瞿《目》和陆《志》。

（19）“婺州路儒学”，至元三年，刻金履祥论《孟集注考证》十卷，见陆《志》。

（20）“扬州路儒学”，至元五年，刻《马石田文集》十五卷，张《志》、瞿《目》、丁《志》都见。

（21）“中兴路儒学”，至元己卯，五年，刻宋沈文伯《春秋比事》二十卷，见陆《续志》。

（22）“杭州路儒学”，至正三年，奉旨刻《辽史》一百六十卷，见丁《志》。《金史》一百三十五卷，见瞿《目》。至正丙戌六年，刻《宋史》四百九十六卷，见陆《志》。

（23）“饶州路儒学”，至正三年，刻《金石例》十卷，见陆《志》。

（24）“抚州路儒学”，至正五年，刻《道园类稿》五十卷，见张《志》。

（25）“江北淮东道本路儒学”，至正丙戌六年，刻萧𣂏《勤斋集》八卷，见丁《志》和陆《志》。

（26）“福州路儒学”，至正丁亥，七年，刻《礼书》一百五十卷，见陆《志》。

（27）“江浙省本路儒学”，至正八年，刻宋聚《燕石集》十五卷，见张《志》和陆《志》。

（28）“平江路儒学”，至正乙巳，二十五年，刻《吴师道校正鲍彪注国策》十卷，《天禄琳琅后编》九、森《志》、丁《志》、陆《志》、陆《跋》都见。

（29）“江浙儒学”，至正二十五年，刻宋叶时《礼经会元》四卷，见陆《志》。

（30）“临川路”，无元号，甲申，刻张铉《金陵新志》十五卷，见孙《记》和陆《志》。无元号，丁未，刻《通典》二百卷，见陆《志》和陆《跋》。

4.“郡学本”，大德乙巳，九年，无锡郡学刻《白虎通德论》十卷，《风俗通义》十卷，见瞿《目》。延祐庚申七年，婺郡学刻戴侗《六书故》三十三卷；至正四年，嘉兴郡学刻宋林至《易裨传》二卷，见瞿《目》。

5.“郡庠本”，至治二年，福州路三山郡庠刻《通志》二百卷，《天禄琳琅》五、吴《记》、孙《记补遗》、瞿《目》、丁《志》、陆《续跋》都见。至正壬寅二十二年，吴郡庠刻宋沈枢《通鉴总类》二十卷，瞿《目》、陆《志》、杨《录》都见。无年号，吉水郡庠刻刘岳申《申斋刘先生文集》十五卷，见张《志》。

6.“府学本”，无年号，赣州路府学刻《南轩易说》三卷，见《浙录》。

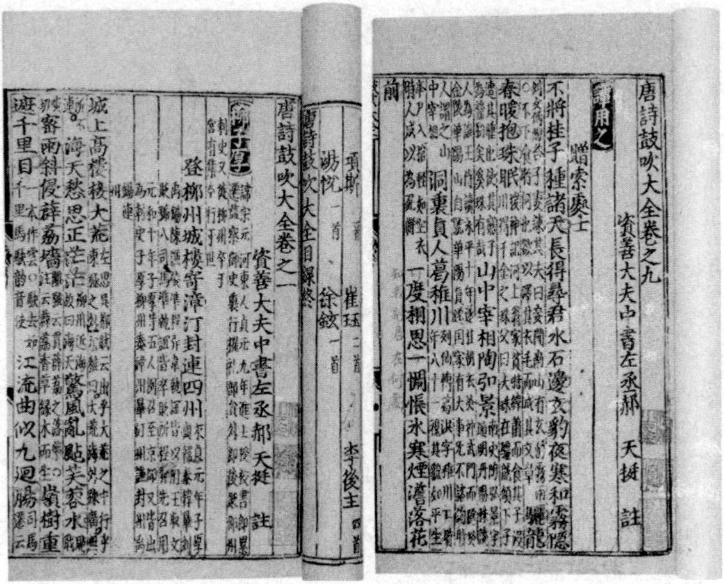

《唐诗鼓吹》（儒司本）

7.“儒司本”，至大戊申，元年，刻《唐诗鼓吹》十卷，见丁《志》。

8.“书院本”，前至元癸未，二十年，庐陵兴贤书院刻王若虚《滹南遗老集》四十五卷，见张《志》。大德已亥，三年，广信书院刻《稼轩长短句》十二卷，见杨《录》。大德壬寅，六年，宗文书院刻《经史证类大观本草》三十一卷，《目录》一卷，《四库书目提要》、钱《日记》、孙《记续编》、森《志补遗》、丁《志》、陆《志》都见。无年号，刻《本草衍义》二十卷，见陆《志》。刻《五代史记》七十五卷，张《志》、瞿《目》、朱《目》都见。大德丁未，十一年，梅溪书院刻《校正千金翼方》三十卷，《目录》一卷，森《志》、杨《谱》、缪《续记》都见。龙集乙卯，当为延祐二年，圆沙书院刻《大广益会玉篇》三十卷，见杨《录》。延祐丁巳，四年，《刻新笺决科古今源流至论前集》十卷，《后集》十卷，《续集》十卷，《别集》十卷，见瞿《目》和缪《记》。刻林駉《皇鉴笺要》六十卷，见朱《目》。延祐庚申，七年，刻《山堂考索前集》六十六卷，《后集》六十五卷，《续集》五十六卷，《别集》二十五卷，瞿《目》、朱《目》、陆《志》、陆《续跋》都见。泰定甲子，元年，梅溪书院刻马端临《文献通考》三百四十八卷，见瞿《目》。又苍岩书院刻《标题句解孔子家语》三卷，见森《志》。泰定乙丑，二年，圆沙书院刻《广韵》五卷，见森《志》和杨《谱》。《记纂渊海》一百九十五卷，见《浙录》。泰定丙寅，三年，庐陵武汉书院刻宋淳祐丙午六年，《新编古今事文类聚前集》六十卷，《后集》五十卷，《续集》二十八卷，《别集》三十二卷，《新集》三十六卷，《外集》十五卷，《遗集》十五卷，孙《记》、丁《志》、陆《志》、缪《记》都见。泰定丁卯，四年，梅溪书院刻陈栎《书集传纂疏》六

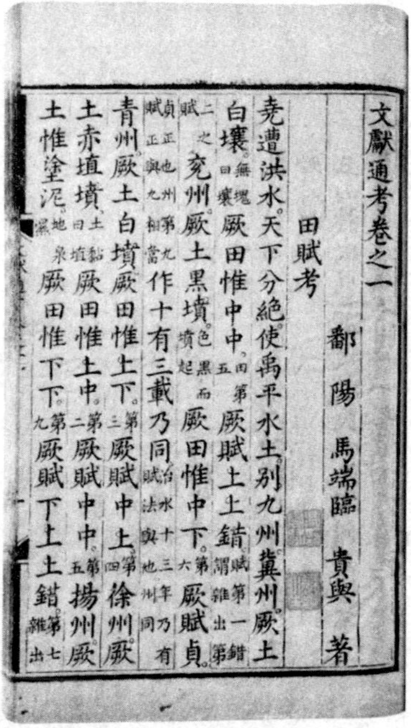

文獻通考卷之一

鄱陽　馬端臨　貴與　著

田賦考

堯遭洪水。天下分絶。使禹平水土。别九州。冀州。厥土白壤。無塊曰壤厥田惟中中。田第五厥賦上上錯。賦第一錯謂雜出第二之賦兗州。厥土黑墳。色黑而墳起厥田惟中下。第六厥賦貞。貞正也州第九賦正與九州相當作十有三載乃同。治水十三年乃有賦法與他州同青州。厥土白墳。厥田惟上下。第三厥賦中上。第四徐州。厥土赤埴墳。土黏曰埴厥田惟上中。第二厥賦中中。第五揚州。厥土惟塗泥。地泉濕厥田惟下下。第九厥賦下上上錯。第七雜出

《文献通考》（元刻本）

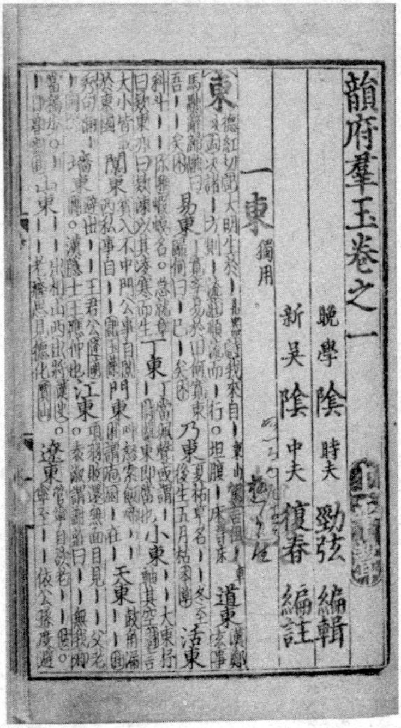
韻府羣玉卷之一

晩學陰時夫勁弦編輯

新吳陰中夫復春編註

一東　獨用

《韵府群玉》

元惠宗元统二年（1334），梅溪书院刻本。

卷，张《志》、森《志》、陆《志》、陆《续跋》都见。至顺四年，龟山书院刻李心传《道命录》，见《天禄琳琅》六。元统甲戌二年，梅溪书院刻《韵府群玉》二十卷，后至元丁丑，三年，梅溪书院刻《皇元风雅》三十卷，见瞿《目》。至元又五年，西湖书院重刻马端临《文献通考》三百四十八卷，陆《志》、陆《续跋》、瞿《目》都见。至正壬午，二年，刻《国朝文类》七十卷，《自录》三卷，瞿《目》、朱《目》、陆《志》、丁《志》、杨《录》都见。至正己丑九年，建宁建安书院刻赵居信《蜀汉本末》三卷，见瞿《目》。至正庚子，二十年，屏山书院刻陈傅良《止斋先生文集》五十二卷，见瞿《目》。《方士闲居士小稿》二卷，见丁《志》和陆《志》。至正癸卯，二十三年，西湖书院刻岳珂《金陀粹编》二十八卷，《续编》三十卷，吴《记》、张《志》、瞿《目》、陆《志》都见。至正乙巳，二十五年，沙阳豫章书院刻《豫章罗先生文集》十七卷，见瞿《目》和丁《志》。至正丙午，二十六年，南山书院刻《广韵》五卷。森

《志》、陵《续跋》、杨《谱》都见。无元号，丁未岁，抚州路临汝书院刻唐杜佑《通典》二百卷，见陆《跋》。无年号，茶陵桂山书院刻《孔丛子》七卷，见《天禄琳琅后编》十。梅隐书院刻《书集传》六卷，见杨《谱》。雪窗书院刻《尔雅郭注》三卷，见张《志》和朱《目》。

9.“太医院本”，大德四年，刻《圣济总录》二百卷，《目录》一卷，见森《志补遗》。

10.“官医提举本”，至元五年，江西官医提举司刻《世医得效方》二十卷，见《四库书目提要》。大德丙午，十年，湖广官医提举刻《风科集验名方》二十八卷，见陆《续志》和森《志》。至元五年，建宁路官医提领刻《世医得效》二十卷，《目录》一卷，见瞿《目》和森《志》。

上面所述的，是元代官刻书的大概，还有名为书院而实在是私刻的，现在把它继续分列在下面：

11.“方回虚谷书院”，大德己亥，三年，刻《筠溪牧潜集》七类，不分卷，见陆《续跋》。

12.“茶陵东山陈仁子古迂书院”，大德己亥，三年，刻《增补文选六臣注》六十卷，见丁《志》。大德乙巳，九年，刻宋沈括《梦溪笔谈》二十六卷，见丁《志》。无年号，刻《文选补遗》四十卷，见《天禄琳瑯》十。

13.“詹氏建阳书院”，大德年间，刻《古今源流至论前集》十卷，《后集》十卷，《续集》十卷，《别集》十卷，见《浙录》。

14.“潘屏山圭山书院”，至正戊子，八年，刻《集千家注分类杜工部集》二十五卷，见森《志》和陆《续跋》。

15.“平江路天心桥南刘氏梅溪书院”，无年号，刻《郑所南先生文集十六篇》一卷，《清隽集》一卷，《百二十图诗》一卷，《锦残余笑》一卷，见临桂况周颐《蕙风簃藏书》。

16.“郑玉师山书院”，无年号，自刻《春秋经传阙疑》四十五卷，见瞿《目》。

这些都是私宅坊估的堂名牌记而托名于书院的。

（二）私家的刻书

元代私家刻书的风气也和宋代相等，现在分列在下面：

（1）“平阳府梁宅”，元贞丙申，二年，刻《论语注疏》二十卷，见杨《谱》。

（2）“平水许宅”，大德丙午，十年，刻《重修政和经史类证备用本草》三十卷，《目录》一卷，见森《志补遗》和陆《志》。

（3）“建安郑明德宅”，天历戊辰，元年，刻陈澔《礼记集说》十六卷，陈《跋》、森《志》、丁《志》都见。

（4）“陈忠甫宅”，天历庚午，三年，刻《楚辞朱子集注》八卷，《辨证》二卷，《后语》六卷，况周颐《蕙风簃藏书》。

（5）“花溪沈氏家塾”，后至元己卯，五年，刻赵孟頫《松雪斋集》十卷，《外集》一卷，《附录》一卷，《天禄琳琅后编》十一、陆《志》、丁《志》、缪《记》都见。

（6）“古迂陈氏家塾”，刻《尹文子》二卷，见张

《志》。

（7）“雪坡家熟”，无年号，刻《类编层澜文选前集》十卷，《后集》十卷，《续集》十卷，《别集》十卷，见《天禄琳琅》六。

（8）“安成郡彭寅翁崇道精舍”，无年号，刻《史记集解索隐正义》一百三十卷，张《志》、瞿《目》、森《志》、杨《谱》都见。

（9）“虞氏南溪精舍明复斋”，至正乙酉，五年，刻《书集传邹季友音释》六卷。至正辛卯，十一年，刻《春秋诸传会通》二十四卷，见《天禄琳琅后编》八和吴《记》。无年号，刻《新刊惠民御院药方》二十卷，见陆《续跋》。

（10）“平水曹氏进德斋”，大德己亥，三年，刻巾箱本《尔雅郭注》三卷，钱《日记》、瞿《目》、朱《志》都见。至大庚戌，三年，刻《翰苑英华》《中州集》十卷，《中州乐府》一卷，张《志》、瞿《目》、陆《志》、陆《续跋》都见。

（11）“存存斋”，至正戊子，八年，俞琰自刻《周易集说》十卷，见陆《续跋》。

（12）“孙存吾山家熟益友书堂”，至元庚辰，六年，刻《范德机诗集》七卷，瞿《目》、丁《志》、陆《志》都见。虞集《新编翰林珠玉》六卷，瞿《目》、陆《志》、陆《续跋》都见。《皇元风雅前集》六卷，《后集》六卷，森《志》、莫《录》、丁《志》都见。

（13）“孝永堂”，大德甲辰，八年，刻《伤寒论注解》十卷，见《孙记补遗》。

（14）“平水高昂霄尊贤堂”，皇庆癸丑，二年，刻《河汾诸老诗集》八卷，见《续记》。

（15）“范氏岁寒堂”，天历戊辰，元年，刻《范文正集》二十卷，《别集》四卷，见《目》和《录》。

（16）“复古堂”，后至元丁丑，三年二月朔日，刻《李长吉歌诗》四卷，《外集》一卷，见张《续志》。

（17）“从桂堂”，至正壬寅，二十二年，刻陈桱《通鉴续编》二十四卷，见《图书馆书目》。

（18）“严氏存耕堂”，无元号，壬午仲春，刻《和济局方图注本草药性歌括总论》四卷，见森《志补遗》。

（19）“平阳司家颐真堂”，无元号，癸巳，新刊《御药院方》十一卷，见森《志补遗》和杨《志》。

（20）“唐氏齐芳堂”，无年号，刻金履祥《尚书表注》二卷，见张《志》。

（21）“汪氏诚意斋集书堂”，无年号，刻《增刊校正王状元集注分类东坡先生诗集》三十二卷，《纪年录》一卷，见《天禄琳琅》六。

（22）“余彦国励贤堂”，无年号，刻《新编类要图注本草》四十二卷，《序例》五卷，《目录》一卷，见森《志补遗》。

（23）“麻沙刘通判宅仰高堂”，无年号，刻《纂图分门类题注荀子》二十卷，见《天禄琳琅》六。

（24）“精一书舍”，延祐丁巳，四年，陈实夫刻《孔子家语》三卷，见森《志》。

（25）“熊禾武夷书室”，至元己丑，二十六年，刻胡方平《易学启蒙通释》二卷，见《四库书目提要》。

（26）“崇川书府”，至正辛卯，十一年，刻李廉《春秋诸传会通》二十四卷，张《志》、瞿《目》、陆《志》、陆《续跋》都见。

（27）“商山书塾”，至正甲辰，二十四年，刻赵汸《春秋属辞》十八卷，《春秋左传补注》十卷，《春秋师说》三卷，瞿《目》、陆《续跋》、丁《志》都见。《春秋属辞》十五卷，见丁《志》。

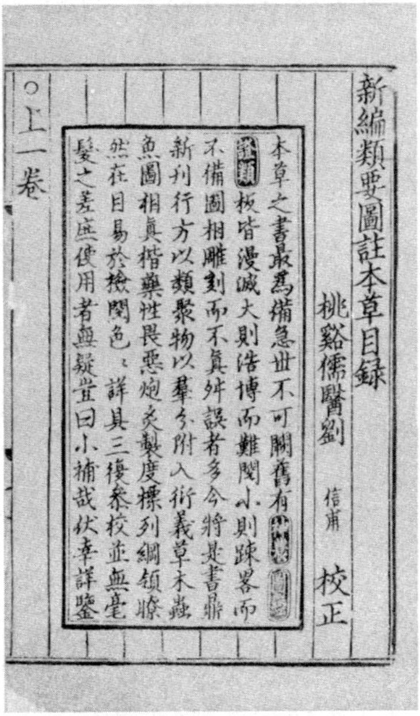
新編類要圖註本草目錄

桃谿儒醫劉 信甫 校正

本草之書最爲備急世不可闕舊有

板皆漫滅大則浩博而難閱小則疎畧而

不備圖相雕刻而不真舛誤者多今將是書鼎

新刊行方以類聚物以羣分附入衍義草木蟲

魚圖相真楷藥性畏惡炮炙製度標列綱領瞭

然在目易於檢閱色色詳具三復參校並無毫

髮之差庶使用者無疑豈曰小補哉伏幸詳鑒

○上一卷

《新编类要图注本草》

宋唐慎微、寇宗奭撰，建安余彦国励贤堂刊本。

（28）“溪山道人田紫芝英淑”，至元癸巳，三十年，刻《山海经》十卷，见杨《录》。至治改元，刻《四书疑节》十二卷，见《浙录》。

（29）“平阳道参幕段君子成”，中统二年，刻《史记集解附索隐》一百三十一卷，《天禄琳琅后编》四、钱《日记》、吴《记》、莫《录》都见。

（30）“云衢张氏”，至治癸亥，三年，刻《宋季三朝政要》六卷，见森《志》。刘时举《续宋中兴编年资治通鉴》

十五卷，见陆《跋》。李焘《续宋编年资治通鉴》十八卷，见莫《录》和缪《记》。

（31）“盱南孙氏”，无元号，丁未，刻《详音句读明本大字毛诗》四卷，见瞿《目》。

（32）“建安蔡氏”，无年号，刻《玉篇》三十卷，见森《志》和杨《谱》。

（33）“建安刘承父”，无元号，癸未，新刊《续添是斋百一选方》二十卷，森《志》、杨《志》、陆《志》、陆《跋》都见。。

（34）“建安詹璟”，至正己丑，九年，刻赵居信《蜀汉本末》三卷，见瞿《目》。

（35）“刘震卿”，大德丙午，十年，刻《汉书》一百二十卷，见森《志》。

（36）“龙山赵氏国宝”，至大庆戌，三年，刻《翰苑英华》《中州集》十卷，见缪《续记》。

（三）书估的刻书

元代书业，继建安余氏而起的，便是叶日增广勤堂。在那时，刻书很多，也有得了余板，再将姓名堂记改换过的。《天禄琳琅》六著录元板集部《千家注分类杜工部诗集》，中有一部说：“将皇庆壬子余氏木记剷去，别刊广勤章新刊木记，其钟式、铲式二木记尚存，而以皇庆壬子易刻三峰书舍，勤有堂易别广勤堂，目录后‘皇庆壬子余志安刊于勤有堂’，十二字虽已剷去，而卷二十五后，犹未剷补。”瞿《目》著录元刊本集《千家注分类杜工部诗》二十五卷，附《文集》二卷说：“此即皇庆元年，余氏勤有堂刊本，后广勤书堂得其板，附以《文集》二卷，故所刊字迹迥异，而目录后及卷二十五末叶原有‘皇庆壬子余志安刊于勤有堂’一条，亦已铲去不存。”杨《录》著录元本《集千家注分类杜工部诗》二十五卷，《文集》二卷说：“杨蟠观子美《画像诗》后有广勤书堂新刊木记，卷二十五后有‘壬寅年孟春，广勤堂新刊’一行。此壬寅，当在至正二十二年，已在元末。”又有一部，丁《志》著录说：“后有‘广勤书堂新刊，六字木记，门类后有‘三峰书舍’四字钟式木印，‘广勤堂，三字鼎式木印。”大概这时的余板《杜诗》，归广勤堂已好久了，后来又转卖给金台汪谅。又有一部，《天禄琳琅》六著录说：“削去广勤堂木记，惟以‘三峰书舍’四字易刊‘汪谅重刊，四字。”丁《志》两本都经著录，有一本误指作汪谅翻刻，《丁》说：“行款字数，与元刊无异，惟笔书稍肥。”却不知道，笔画肥的缘故，总因为久印低损，并不是由于翻刻。汪谅是金台的书估，他在嘉靖四年，曾

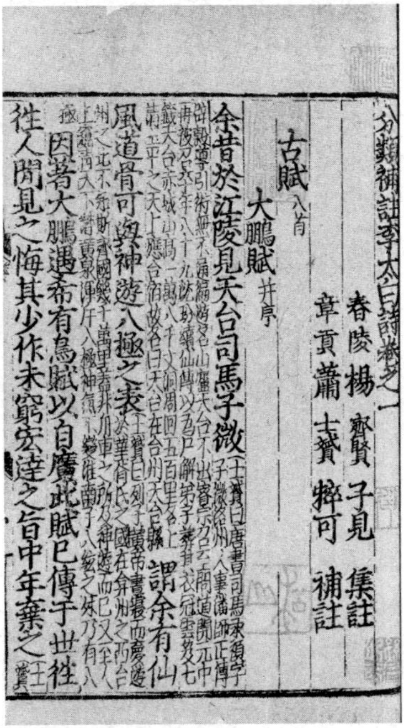
分類補註李太白詩卷之一
春陵楊齊賢子見集註
章貢蕭士贇粹可補註
古賦八首
大鵬賦并序
余昔於江陵見天台司馬子微
謂余有仙
風道骨可與神遊八極之表
因著大鵬遇希有鳥賦以自廣此賦已傳于世往
往人間見之悔其少作未窮宏達之旨中年棄之

《分类补注李太白诗集》
建安余氏勤有堂刻本。

经替柯维熊刻过《史记》，或者是得到了叶氏的板片，削去旧名，把他自己的名字换了进去。《天禄琳琅》十著录明板《分类补注李太白诗集》二十五卷说：“前元版中有是书，目录末叶板心标‘至大辛亥三月刊’，此本版式似之，而目录末叶板心，则称正统己巳二月印，当即由前板翻出者，其所载建安余氏勤有堂刊木记系仍元刻之旧。”这就是余板李、杜集元明间售归广勤堂的确证。后来屡经转鬻，但把印记牌名改去，像上面《天禄琳琅》六所载的一部，将广勤堂削去，易‘三峰书舍’印记，为‘汪谅重刊’印记，就是一个例子。可见当时同一刻板，主名不免要常常变换，否则，为什么在翻刻的时候，只改元号年月而不改堂名呢？至于叶氏自己刻的书，最著名的便是天历庚午，这年改元至顺，仲夏刻的《新刊王叔和脉经》十卷，张《志》、森《志补遗》、瞿《目》都曾著录过的。

（四）书坊的刻书

元代书坊的刻书，比较宋代更加发达，因为时代愈近，传本愈广，得利愈厚，企业的也跟着增加。现在我且把有传本可见的列举在下面：

（1）“刘锦文日新堂”，后至元戊寅，四年，刻俞皋《春秋集传释义大成》十二卷，见森《志》和杨《谱》。后至元庚辰，六年，刻《揭曼硕诗》三卷，见张《志》。《伯生诗续编》三卷，见莫《录》。至正丙戌，六年，刻《汉唐事笺对策机要前集》十二卷，《后集》八卷，见张《志》和瞿《目》。至正丁亥，七年，刻《朱倬诗经疑问》七卷，《附录》一卷，见瞿《目》和莫《录》。至正戊子，八年，刻汪克宽《春秋胡氏传纂疏》三十卷，陆《续志》、瞿《目》、莫《录》都见。至正己丑，九年，刻元赵麟《太平金镜策》八卷，见《浙录》。至正壬辰，十二年，刻刘瑾《诗传通释》二十卷，《天禄琳琅》五、张《志》、瞿《目》、丁《志》、森《志》、陆《志》、陆《续跋》、缪《续记》都见。至正丙申，十六年，刻《新增说文韵府群玉》二十卷，见《天禄琳琅后编》十和杨《谱》。至正癸丑，已入明洪武六年，那时却还奉元的正朔，刻《春秋金钥匙》一卷，见丁《志》。无年号，刻宋王宗传

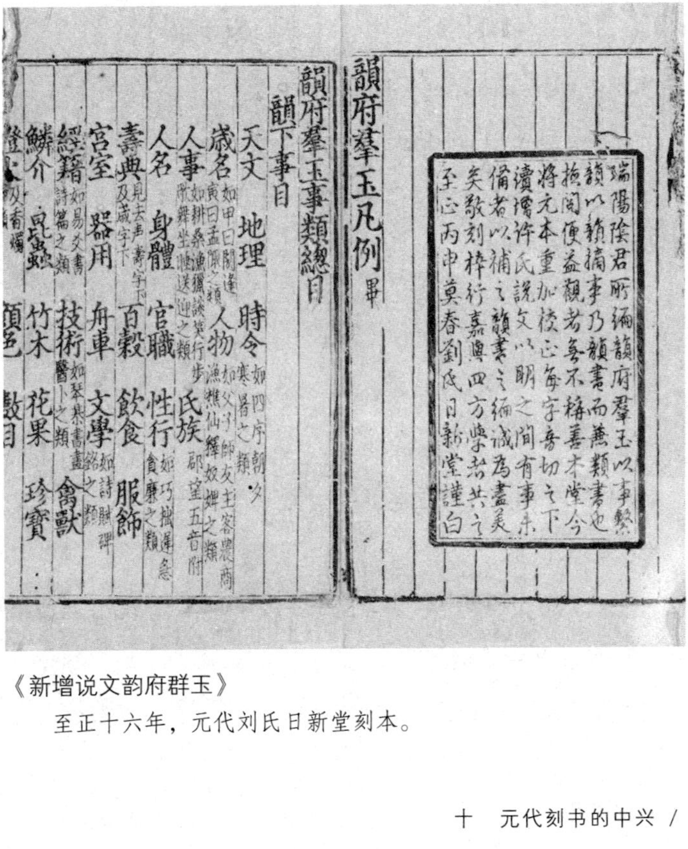
韻府羣玉凡例

端陽陰君所編韻府羣玉以事繫韻以韻摘事乃韻書而兼類書也檢閱便益觀者無不稱善本堂今將元本重加校正每字音切之下續增許氏說文以明之間有事未備者以補之韻書之編誠爲盡美矣敬刻梓行嘉與四方學者共之至正丙申莫春劉氏日新堂謹白

韻府羣玉事類總目

韻下事目

天文 地理 時令

歲名 人物

人事 氏族

人名 身體 官職 性行

壽典 百穀 飲食 服飾

宮室 器用 舟車 文學

經籍 技術 禽獸

鱗介 昆蟲 竹木 花果 珍寶

《新增说文韵府群玉》

至正十六年，元代刘氏日新堂刻本。

《童溪先生易传》三十卷，见《天禄琳琅后编》二。无年号，刻《新编方舆胜览》七十卷，见杨《谱》。

（2）“高氏日新堂”，无年号，丙午，刻《增广太平惠民和剂局方》十卷，见森《志补遗》和陆《志》。

（3）“平阳张存惠堂”，至元初元，刻《经史证类大观本草》三十卷，见杨《志》。

（4）“燕山窦氏活济堂”，至大辛亥，四年《新刊黄帝明堂针灸经》一卷，《伤寒百证经络图》九卷，见森《志补遗》。《针灸四书》八卷：一，南唐何若愚《流注指微针赋》，金阎明广注，合阎撰《子午流注针经》三卷；一，宋窦杰《针经指南》一卷；一，《黄帝明堂灸经》三卷；一，宋庄绰《灸膏肓腧穴法》一卷，见张《志》和瞿《目》。

（5）“建安陈氏余庆堂”，皇庆壬子，元年，刻《宋季三朝政要》五卷，《附录》一卷，森《志》、丁《志》、陆《续跋》都见。无年号，刻刘时举《续宋编年资治通鉴后集》十五卷，张《志》、瞿《目》、陆《志》、陆《跋》、陆《续跋》、丁《志》《学部馆目》都见。李焘《续宋编年资治通鉴》十八卷，陆《志》、陆《续跋》、森《志》都见。

（6）“建安朱氏与畊堂”，无年号，刻《大广益会玉篇》三十卷，见吴《记》和陆《志》。李焘《续宋编年资治通鉴》十八卷，瞿《目》、丁《志》、陆《续跋》都见。

（7）“建安同文堂”，至正辛卯，十一年，刻《四书经疑问对》八卷，见吴《记》。

（8）“建安万卷堂”，无年号，刻王状元《集百家注分类东坡先生诗》二十五卷，附《东坡纪年录》一卷，见吴《记》和森《志》。

（9）“麻沙万卷堂”，延祐甲寅，元年，刻《孟子集注》十四卷，见森《志》。

（10）“董氏万卷堂”，无年号，刻《唐国史补》三卷，见《天禄琳琅》五。《隆平集》二十卷，《天禄琳琅后编》四、瞿《目》、陆《志》都见。

（11）“云衢会文堂”，无元号，戊申孟冬，大概就是至大元年，刻《集千家注批点杜工部诗集》二十卷，《文集》二卷，《附录》一卷，见森《志》。

（12）“积庆堂”，至正戊子，八年，刻《集千家注分类杜工诗集》二十五卷，见张《续志》和陆《志》。

（13）“德星堂”，至正辛卯，十一年，刻《重刊明本书集传附音释》六卷，见张《志》和瞿《目》。

（14）“万玉堂”，至元五年，刻《分类补注李太白诗》二十五卷，见《天禄琳琅后编》十一。无年号，刻《太玄经》十卷，见缪《续记》。

（15）“胡氏古林书堂”，至元己卯，十六年，刻《新刊补注释文黄帝内经素间》十二卷，孙《记》、张《志》、瞿《目》、森《志》都见。《新刊黄帝灵枢经》十二卷，张《志》、瞿《目》、森《志》都见。《增广太平惠民和济局方》十卷，《指南总论》三卷，《图经本草》一卷，见森《志》。

（16）“日新书堂”，至元辛巳，十八年，刻《五百家注音辨昌黎先生文集》四十卷，见森《志》。至正元年，辛巳，刻《朱子成书》一卷，见瞿《目》和《学部馆目》。至正乙未，十五年，刻《增修互注礼部韵略》五卷，见森《志》和杨《志》。至正丁酉，十七年，刻《明州本排字九经直音》二卷，见森《志》。

（17）“梅隐书堂”，至元丁亥，二十四年，刻《明州本排字九经直音》二卷，见《四库书目提要》和莫《录》。

（18）“妃仙陈氏书堂”，无元号，岁次癸丑，刻刘河间《伤寒直格》三卷，《后集》一卷，《续集》一卷，《别集》一卷，见瞿《目》。

（19）“叶曾南阜书堂”，延祐庚申，七年，刻《东坡乐府》二卷，见黄《记》和杨《录》。

（20）“敏德书堂”，泰定丙寅，三年，刻元朱祖义《直音傍训周易句解》十卷，见森《志》。至顺庚午，刻《广韵》五卷，森《志》、杨《志》、陆《续跋》都见。无年号，刻《音直傍训尚书句解》□卷，见杨《谱》。

（21）“李氏建安书堂”，后至元丙子，二年，刻《皇元风雅前集》六卷，《后集》六卷，见陆《志》。

（22）“富沙碧湾吴氏德新书堂”，后至元丁丑，三年，刻《四书章图纂释》二十卷，见森《志》。

（23）“桃溪居敬书堂”，至正壬午，二年，刻《董楷周易程朱先生传义附录》十七卷，吴《记》、张《续志》、陈《目》都见。

（24）“庐陵泰宇书堂”，至正癸未，三年，刻《增修妙选群英草堂诗余前集》卷上，《后集》卷下，见仁和吴印臣《钤辖昌绶藏书》。

（25）“积德书堂”，至正九年，刻《伊川易解》六卷，《系辞精义》二卷，见杨《志》。

（26）“双桂书堂”，至正辛卯，十一年，刻《诗集传音释》二十卷，见张《志》和瞿《目》。

（27）“一山书堂”，至正壬辰，十二年，刻《文场备用排字礼部韵注》五卷，见钱《日记》。

（28）“妃仙兴庆书堂”，至正辛丑，二十一年，刻《毛晃增修互注礼部韵略》五卷，见张《志》和瞿《目》。

（29）“秀岩书堂”，无元号，太岁丙午，元有两丙午：前丙午是大德十年，后丙午是至正二十六年，刻《增修互注礼部韵略》五卷，见杨《谱》。戊申，刻《韵府群玉》二十篇，见杨《志》。

（30）“云庄书堂”，无年号，刻《古今事文类聚前集》六十卷，《后集》五十卷，《续集》二十八卷，《别集》三十二卷，《新集》三十六卷，《外集》十五卷，见森《志》。

（31）“麻沙刘氏南涧书堂”，无年号，刻《书集传》六卷，见森《志》和杨《谱》。《论语集注》十卷，见森《志》。

（32）“三衢石林叶敦”，至正癸未，三年，刻《新刊冷斋夜话》十卷，《天禄琳琅后编》十、陆《志》、陆《续跋》都见。

（33）“书市刘衡甫”，至正己丑，九年，刻刘桢《联新事备诗学大成》三十卷，见丁《志》。

（34）“闻德坊周家书肆”，元初，刻《李心传丙子学易编》一卷，见《四库书目提要》。

（35）“建阳刘氏书肆”，至正癸卯，二十三年，刻《楚国文宪公雪楼程先生文集》三十卷，《附录》一卷，见丁《志》和陆《续跋》。

（36）“建阳书林刘克常”，无元号，疆圉协洽，丁未，刻《新笺决科古今源流至论前集》十卷，《后集》十卷，《续集》十卷，《别集》十卷，杨《录》、丁《志》都见。

十一
元代刻书的优点

宋代以后，刻书的精美，要算元代，这是因为时代接近的缘故。有许多在宋代已经散失的善本，全靠元本的存在而留传着，并且有许多元本，简直比宋本更好的。从经部说，譬如：元贞丙申，平阳梁宅本的《论语注疏》比宋刻的十行本好得多；大德平水曹氏进德斋本的《尔雅郭璞音注》比明代吴元恭所从出的宋本好得多。从史部说，譬如：大德九年重刊宋景祐本的《后汉书》比宋建安刘元起的本子好得多。从子部说，譬如：大德本的《绘图列女传》比阮氏文选楼所据刻的余氏勤有堂本好得多；《纂图互注扬子法言》比宋治平监本好得多。从集部说，譬如：大德本的《增广音注丁卯诗集》比宋版好得多；张伯颜刻的《文选李善注》比南宋尤袤本好得多。延祐庚申，叶曾南阜书堂刻本的《东坡乐府》比宋绍兴辛未曾慥刻本好得多。其余元刻比宋本好的，限于篇幅，我不便再多举了。可见我们研究版本，不能专以时代的远近为标准，迷信宋版而把宋以后的板本，都含着“卑之无甚高论”的轻视。元刻的书还有两种优点，我且分说在下面。

（一）多用赵体

吴枚庵的弟子徐康，对于版本，研究得非常精密，看他在《前尘梦影录》中说：“元代不但士大夫竞学赵书，如鲜于困学、康里子山，即方外如伯雨辈，亦刻意力追，且各存自己面目。其时如官本刻经史，私家刊诗文集，亦皆摹吴兴体……”《天禄琳琅》六著录《欧阳文忠公文集》一百五十三卷，《年谱》一卷，《附录》五卷，说：“此书字法规仿鸥波，深得其妙，观其抚印之精，非好古者不能为此。”陆《续跋》著录元椠吴澄《礼记纂言》三十六卷说：“雕刊工整，字皆赵体。”黄《记》著录元本《稼轩长短句》十二卷说：“是书旧刻，纯乎元人松雪翁书。”又著录校元本张认庵《跋》说：“大德刊本大字行书，流丽娟秀，如松雪翁体。”又陆《志》著录《元刊元印青容居士集》五十卷说：“有赵子昂笔意，元版中上乘也。”又影写元刊本《汉泉曹文贞公诗集》十卷说：“宋宾王《识略》说：‘阅桃花坞文

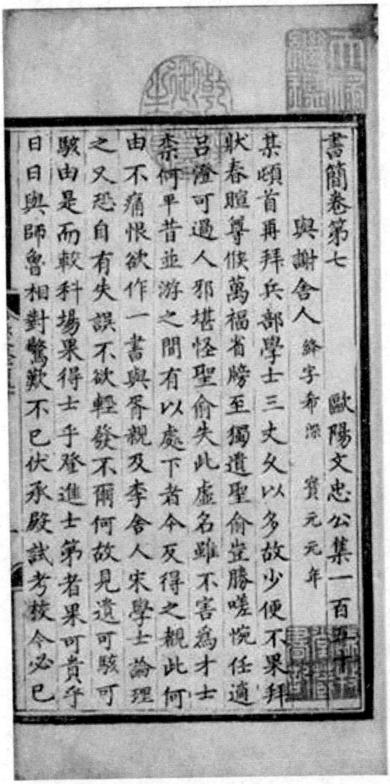
歐陽文忠公集一百四十
書簡卷第七
與謝舍人 絳字希深 寶元元年
某頓首再拜兵部學士三丈久以多故少便不果拜
狀春暄尊候萬福省牓至獨遺聖俞豈勝嗟惋任適
呂溱可過人邪堪怪聖俞失此虛名雖不害爲才士
柰何平昔並游之間有以處下者今反得之觀此何
由不痛恨欲作一書與胥覩及李舍人宋學士論理
之又恐自有失誤不欲輕發不爾何故見遺可駭可
駭由是而較科場果得士乎登進士第者果可貴乎
日日與師魯相對驚歎不已伏承殿試考較今必已

《欧阳文忠文集》（元刻本）

瑞堂所得秀野草堂顾氏藏《曹汉泉集》五卷’，字画端楷。直出松雪手书；元时名集，动国帑锓板，故得名手书文，良工刊刻。”瞿《目》著录元刊本曹伯启《汉泉曹文贞公诗集》十卷说：“国子生浚仪胡益编录，写刻甚精，书法似赵文敏，殆即益所书也。”近世所传大定乙巳刻宋人编《两汉策要》，十二卷，毛扆《珍藏秘本书目》著录这书，并确定它是元人手钞，和元人手钞《古文苑》列在一处。我们且看毛氏对于这两书的话：“二书一笔赵字，或谓赵文敏手书，而无款不敢定之。”乾隆五十八年，如皋张氏将毛本重刻，摹仿得非常精工，前附翁方纲的题，后附梁同书、窦光鼐、周骏发、朱钰、姚棻、邵齐熊那几个人的跋，不过大家但指为元名手所写，都不敢说是松雪的亲笔。只有邵跋根据陆学士、秦中承和简斋先生——或者是指袁简斋，确定是松雪的手迹，并说别人不能有这样的笔致。这话却有几分可以相信；因为松雪平生，字写得很好，并且对于钞书的工作也很有兴味。现在世间流行他所写的《道德经》，见于各家集帖、收藏家题跋的，差不多有十多种。明张丑《书画见闻表》，列有《左传》正文全部和《李太白集》；沈初《西清笔记》有赵文敏《小楷四十二章经》《法华经》全部，可见他没有传刻的钞本，还是很多。

（二）名手书写

元刻书本的字体，有请名手书写的，《天禄琳琅》五，元版史部著录《山海经》十八卷说：“字仿欧体，用笔整严，在元刻中洵为善本。”乾隆御题说：“是本笔法刻画清峭，当为元版之佳者。”又《后编》十一元版集部著录曾巩《元丰类稿》五十卷说：“书法椠手，俱极古雅，麻纸浓墨，摹印精工，为元刻上乘。”又著录《欧阳文忠公集》一百五十三卷说：“椠法精朗，纸墨俱佳，元版中甲观。”陆《续跋》著录元椠周伯琦《六书正讹》五卷说：“每叶八行，篆文约占小字六格，小字双行，每行二十字，篆文圆劲，楷书遒丽，盖以伯温手书上版者。”又著录元刊杨桓《书学正韵》三十六卷说：“分韵编排，先篆次隶，省次讹体，条理周详，字画端整。”又瞿《目》著录元刊杨桓《六书统》二十卷，《六书溯源》十三卷说：“桓夙工篆籀，全书皆其手写，故世特重之。”又著录元刊本元吴莱浦颖《吴先生集》十二卷说：“刻于至正二十六年，末有‘金华后学宋璲誊写’一行。璲工四体书，此书为其手写，古雅可爱，尤足珍也。”又著录元刊本刘大彬《茅山志》十五卷说：“明永乐刻本胡俨序，谓‘原本为张雨所书，至为精洁’即此本也。”这种元刻本的书，和宋版书实在没有多大分别，不过论起时代来，难免有高下的成见罢了。

十二

元代藏书的专家

元代的藏书专家，我且略举几个人在后面。

（一）赵孟頫

字子昂，号松雪，又号鸥波，水晶宫道人，宋司户参军，到了元朝，做翰林学士承旨的官，赠魏国公，谥文敏。他本来是赵宋的宗室，而后来又做元朝的官，所以对于他个人的品格，颇有人加以严重的批评；可是论到元代的藏书家，他却是很有地位的。他藏的书，最著名的，要算《前后汉书》，其次便是《元本大广益会玉篇》了，这书有“水晶宫道人”的印。“水晶宫”

赵孟頫

选自清道光十年（1830）刊本《古圣贤像传略》

的得名，是因为他住的湖州四面都是水的缘故。解缙在《春雨集》上说："文敏早岁喜画梅，印以水晶宫图书，浙中有玛瑙寺，或戏以为对，遂不用。"陈继儒《读书十六观》载他的书跋，上说："聚书藏书，良非易事，善观书者，澄神端虑，净几焚香，勿捲脑，勿折角，勿以爪侵字，勿以唾揭幅，勿以作枕，勿以夹刺，随损随修，随开随掩……"可见他对于书籍的珍惜了。

（二）庄肃

字恭叔，号蓼塘，住青龙镇，在宋朝曾经做过秘书小史的官，宋亡以后，他就弃了官，浪迹海上。他性很喜欢书，聚藏到八千卷之多。他手抄的书，自从经史子集，一直到稗官小说，都把它部次甲乙，分作十门。至正年间，修宋辽金史，诏求遗书，危素从他家里购得五百卷。《辍耕录》说："蓼塘既没，子孙不知爱惜，或为虫鼠蚀啮，或为邻识盗窃，或供饮博之需，或应糊覆之用，编帙散乱，所存无几。至正六年，诏求遗书，有以书献者予一官。江南藏书多者止三家，庄其一也，继命范学士素，特来选取，其家恐兵遁图谶干禁，悉付祝融。其孙群玉，收拾烬余，觊领恩泽，宿留日久，仍布衣而归。……"看了这段话，可知庄书的不幸了。

（三）袁易

据黄溍的《静春先生墓志》说："君讳易，字通甫，曾大父璡，筑室长洲之蛟龙浦。君不乐仕进，所居西偏，为堂曰静春，左江右湖，禽鱼飞泳于烟波莽苍间。堂中有书万卷，悉君所校定，客至辄敛卷，与纵饮剧谈留连竟曰。”《四库提要》著录《静春堂集》四卷说：“元袁易撰。易居吴淞具区之间，筑堂曰静春，聚书万卷，或棹舟载笔牀、茶灶、古器，游于江湖。赵孟頫尝为画卧雪图，称易与龚璛、郭麟孙为吴中三君子。”

（四）袁桷

《四库提要》著录《延祐四明志》说：“元袁桷撰。桷，字伯长，庆元人，宋知枢密院事韶之曾孙。少为丽泽书院山长，以荐改翰林国史院检阅官，累迁侍讲学士。卒，赠江浙行省参知政事，谥文清，所著《易说》《春秋说》世久无传，惟《清容居士集》及此志尚存。”《至正直记》说：“袁伯长学士，承祖父之业，广蓄书卷，国朝以来，甲于浙东。伯长没后，子孙不肖，尽为仆干窃去，转买他人，或为婢妾所毁者过半。”胡梅礀《藏书窖记》说：“南湖学士桥，清容之故居也，其东轩有石窖焉。余过而叹曰，此梅礀藏书之所也。宋亡，遗老避地来庆元者，多先生馆。袁氏注《通鉴》成编，而已丑寇作，以书藏窖中得免。”

（五）陆友

黄溍《陆氏藏书目录序》说：“吴郡陆君，居阛阓中，四壁之外，辄与贾区直，君殊不以为溷。一榻萧然，环以古今书凡若干卷，自经史传记，下至权谋数术，泛胜虞初，旁行数落，百家众技之文，栉比而鳞次。入其室，如登群玉之府，而探蓬莱道家之名山，忘其为居之隘也。居既第其篇帙，部分类别，为之目录，以便览者，且属余使序之。夫稻粱稷黍、鱼肉果蔬，人所资以为生养之具，不可一日缺者也，得之足以饱而不足以极天下之味。言珍异之味，至豹胎猩唇、封熊之蹯，可以为美也，而非可常致以给朝夕之须。彼水草小虫、蜩范蚳蜗野果之实，人所易致，而未必皆知好其味也。世盖有嗜书若嗜饮食者，顾所嗜之不同，而有不可得兼耳。君其兼而取之者耶！老子曰：'五味令人口爽。'好奇之士，苟游于君而获其所嗜焉，染指而出足矣。尚无以秦人之炙，易吾之炙也哉！"这所谓吴郡陆君，并没有指明姓字，但据《四库提要》说："陆友，字友仁，亦字宅之，平江人。"徐显《稗传》说："友仁生市廛阛阓间，父以市布为业，独能异其所好，攻苦于学，博极群物，自号研北生，著《研史》《墨史》《印史》《杞菊轩稿》。"所说的和黄《记》的话颇相合，那么上面所称的吴郡陆君，就是友仁，可以不再发生疑问了。

（六）沈景春

《皕宋楼藏书志》著录《啸堂集古录》载《千文传跋》说："景春沈君，居乐圃坊，与余同游可邨贺先生之门，平生寡嗜欲，惟酷好收书。有别业在阊门西，去城仅数里，景春昔尝居之。人有挟书求售至，必劳来之，饮食之，酬之善价，于是奇书多归沈氏，《集古录》其一也。昔人有以千金市马者，得骏骨，予五百金，逾年而千里马至者三，景春嗜书，何以异哉！元统后元十一月。”

（七）张雯

郑元祐《张子昭墓志》说：“张雯，字子昭，其先浚仪人，祖父世居吴。雯少嗜学，时宋社已屋三十稔矣，故老遗黎，犹有存者，子昭从其人问宋遗事，得其什一。喜游钱塘山川城邑，徘徊踯躅，感叹不能已，兼通声律。家临市阛，构楼蓄书，自经传子史，下逮稗官百家，无不备，日翻阅研究。年六十四，卒于至正十六年。子田，次子里，孙男一名肯。”《杭州府志》说：“雯南渡居钱塘，精律吕，每众坐闻乐，辄俯首嚬蹙曰：‘吾其不免乎！’子田，字耘已，亦工文词；田子肯，字继孟，一字寄梦，从宋濂学。”可是在《苏州府志》里也有他的传。艺文类《书画记补遗》《继潜录墨记》都是他所做的。再看上面郑元祐替他做的墓志，可以证实他本来是苏州人，不过后来曾经在钱塘住过罢了。他藏的书，最著名的，在《天禄琳琅》里著录《说文解字》，有“子昭”印，《嘉兴府志》说：“盛懋字子昭，实在是错误的。”在《铁琴铜剑楼书目》里著录《简斋外集》，卷首有“张子昭印”的朱记。

（八）苏天爵

《四库提要》著录《元朝名臣事略》十五卷说：“苏天爵撰。天爵，字伯修，真定人，由国子学生试第一释褐。授从仕郎苏州判官，终浙江行省参知政事。”又著录《元文类》七十卷，《目》三卷说：“苏天爵编。天爵所著，尚有《松厅章奏》《春风亭笔记》诸书，于当代掌故，最为娴习。”宋本《滋溪书堂记》说：“苏伯修，家多藏书，习知辽与金故实。且谓余，昔吾高王父玉城，当国初自汴还真定，置别墅县之新市，作屋三楹，买书数千卷。岁久堂坏，先人葺之，且渐市书益之，又尝因公事至江之南，获书万卷以归。”袁桷《苏氏藏书室铭》说：“赵郡苏氏，崇其书楹。剖史云章，经纬有程。灵根湛虚，服习粹精。”

（九）孔文升、孔齐父子

《开有益斋读书志》著录《至正直记》四卷说：“元阙里孔克齐撰。克齐字行素，一字静斋，至圣五十五世孙。祖宗善，为建康路教授。父文升，字退之，为建康书椽，因家岊山。克齐赘于沈氏，宪司荐授黄冈书院山长，召为国史编修。”克齐自己又在《至正直记》上说：“吾家自先人寓溧阳，分沈氏居之半以为别业，多蓄书卷，平昔爱护尤谨，虽子孙未尝轻易检阅，必告于先人，得所请乃可置于外馆。晚年子弟分职，任于他所，惟婢辈几人在侍。予一日在外家归省，见一婢执《选诗演》半卷，又国初名公柬牍数幅，皆剪裁之余者，急叩其故，但云某婢已将几卷褙鞋帮，某婢已将几卷覆酱瓿。予奔告先人，先人曰，吾老矣，不暇及此，尔等居外，幼者又不晓事，婢妮无知，宜有此哉！不觉叹恨，亦无如之何矣。”又说：“先公尝以十六字作《座右铭》云：‘宁人负我，毋我负人。宁存书种，无苟富贵。’”

十三

明代藩府刻书的发达

明代官刻的书，最完美的，总要算是南北京监本。南监所保存的，大多是宋监和元路学的旧板，其中不经正德以后修补的和宋、元的真品也差不多少。北监，大多是根据南监本重刻的，我们所看见的，除了《十三经》和《二十一史》以外，实在是很少。据当时周弘祖《古今书刻》所录北国子监书，只有四十一种，可是经史却并没有著录，这究竟是书刻的漏略呢？还是在宏祖时这类板片已经散逸了呢？我们却不能知道。弘祖的书，后世很少传本，中间列举内府部院和直省、司府、州学所刻的书，可以知道，在这个时候，刻书成为一种例事。像北京都察院，刻《三国志演义》《水浒传奇》和《万化玄机悟真篇》这类书。又像《太古遗音》是宁藩所著的《曲套》，《神奇秘谱》是宁藩所著的《棋经》，堂堂藩府的官，刻书这样荒谬，怪不得《五经四书性理大全》这类书，便成为司礼监的专责了。司礼监所刻的书，见于《经厂书目》，现在所传的经厂大字本《五经》《四书》很被一般藏书家所瞧不起，不仅在校勘方面的忽略。当时只有诸藩所刻的书，到还有可取的地方，因为那时被赐的书，多有宋元的善本，可以拿来翻雕。并且当时的藩邸王孙，又都好学，现在且把所存的书，录在下面：

（1）“蜀府”，洪武甲戌，二十七年，刻《自警编》九卷，见丁《志》。刘向《说苑》二十卷，见陆《跋》。成化己亥，十五年，刻《静修先生文集》三十卷，见丁《志》。嘉靖乙未，十四年，刻《史通》二十卷，见缪《续记》。万历丁丑，五年，刻《重修政和经史证类备用本草》三十卷，见《天禄琳琅》九。

（2）“宁藩”，明初，刻《病机气宜保命集》三卷，见瞿《目》。正统间，刻《重编白玉蟾文集》六卷，《续集》二卷，见阮《外集》。

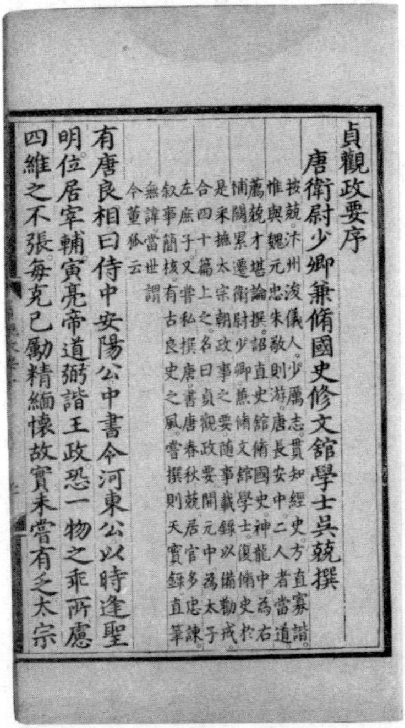
貞觀政要序
唐衛尉少卿兼脩國史修文館學士吳兢撰
按兢汴州浚儀人少厲志貫知經史方直寡諧惟與魏元忠朱敬則游唐長安中二人者當道薦兢才堪論撰詔直史館脩國史神龍中為右補闕累遷衛尉少卿兼脩文館學士復脩史於是采摭太宗朝政事之要隨事載錄以備勸戒合四十篇上之名曰貞觀政要開元中為太子左庶子又嘗私撰唐書唐春秋兢居官多忠諫叙事簡核有古良史之風嘗撰則天實錄直筆無諱當世謂今董狐云
有唐良相曰侍中安陽公中書令河東公以時逢聖明位居宰輔寅亮帝道弼諧王政恐一物之乖所慮四維之不張每克己勵精緬懷故實未嘗有乏太宗

《贞观政要》

明成化元年内府刊本。

（3）“代府”，天顺间，刻《谭子化书》六卷，见瞿《目》。

（4）“崇府”，成化丙申，十二年，刻《贞观政要》十卷，见丁《志》。嘉靖癸卯二十二年，刻《孝肃包公奏议集》十卷，见瞿《目》。

（5）“肃府”，成化己亥，十五年，刻刘因《静修先生集》三十卷，见陆《志》。

（6）“唐府”，成化丁未，二十三年，刻元张伯颜本《文选》六十卷，瞿《目》、陆《续跋》、缪《续记》都见。

（7）“吉府”，正德乙亥，十年，刻贾谊《新书》十卷，张《志》、瞿《目》、陆《志》都见。正统本《四书》二十六卷，见丁《志》。万历丁酉，二十五年，刻《楚辞集注》八卷，《辨证》二卷，《后语》六卷，见缪《记》。万历缺年月，刻《老子道德经》二卷，《关尹子文始真经》九篇。一卷，《亢仓子洞灵真经》九篇。一卷，《文子通玄真经》十二篇。一卷，《尸子》二篇。一卷，《子华子》二卷，《鬻子》十四篇。一卷，《墨子》十四篇。一卷，《公孙龙子》六篇。一卷，《鬼穀子》十三篇。一卷，《列子冲虚真经》二卷，《庄子南华经》二卷，《荀子》三卷，《扬子》十三篇。一卷，《文中子》十篇。一卷，《抱朴子》二卷，《刘子》五十五篇。一卷，《黄石公素书》六篇。一卷，《玄真子》三篇。一卷，《天隐子》八篇。一卷，《无能子》三十四篇。一卷，见袁芳瑛《卧雪庐藏书簿》。

（8）“晋府”，嘉靖乙酉，四年，重刻元张伯颜本《文选注》六十卷，见缪《续记》。嘉靖丙戌，五年，刻《宋文鉴》一百五十卷，《天禄琳琅后编》二十、孙《记》、钱《日记》、丁《志》、陆《志》、莫《录》。嘉靖己丑八年，刻《唐文粹》一百卷，见《天禄琳琅后编》十九。嘉靖甲午，十三年，刻《安国桂坡馆初学记》三十卷，见杨《志》和丁《志》。嘉靖丁酉，十六年，刻《元文类》七十卷，见丁《志》和缪《记》。

（9）“益府”，嘉靖壬寅，二十一年，刻张九韶《理学类编》八卷；万历初元，刻《大广益会玉篇》三十卷，见丁

《志》。崇祯庚辰，十三年，刻宋陈敬《香谱》四卷，《茶谱》十二卷，内分二十一种：唐陆羽《茶经》上中下三卷，唐张又新《煎茶水记》一卷，宋蔡襄《茶录》一卷，宋朱子安《东溪试茶录》一卷，吴文锡《茶略》一卷，内有孙大绶《茶赋》上下卷，明屠本畯《茗笈》上下篇一卷，《香水清供录》一卷，曹士谟《茶事拾遗》一卷；《续集古今茶谱》五种：内宋黄儒《品茶要录》一卷，宋熊蕃《宣和北苑贡茶录》一卷，宋赵汝砺《北苑别录》一卷，宋沈括《本朝茶录》一卷，彰郡程百二《品茶要录补》一卷；《续集古今茶谱》六种：内明许次纾《茶疏》一卷，明陆树声《茶寮记》七类一卷，明田崇衡《煮泉小品》一卷，明冯可宾《岕茶笺》一卷，明屠隆《茶笺》一卷，黄龙德《茶说》一卷，见何厚甫《培元经眼书目》。

（10）“秦府”，嘉靖甲午，十三年，刻黄善夫本《史记》一百三十卷，见钱《稿书跋》和缪《记》。嘉靖庚戌，二十九年，刻《天原发微》五卷，见陆《志》和丁《志》。嘉靖丁巳，三十六年，刻蔡沈《至书》一卷，见张《志》和陆《志》。隆庆六年，刻《千金宝要》六卷，见孙《记》。

（11）“周藩”，洪武庚午，二十三年，刻《新刊袖珍方大全》四卷，见丁《志》。嘉靖丁酉，十六年，刻宋董嗣杲《西湖百咏》一卷，见陆《志》。

（12）“徽藩”，嘉靖丁未，十四年，刻会通馆本《锦绣万花谷前集》四十卷，《续集》四卷，见缪《续记》。无年号，刻《素书》一卷，《鬻子》一卷，《公孙龙子》一卷，《亢仓子》一卷，《元真子》一卷，《天隐子》一卷，《无能子》一卷，见陆《志》。

（13）“沈藩”，嘉靖丙午，二十五年，刻宋张景《医说》十卷，见森《志》和丁《志》。嘉靖辛酉，四十年，刻《焦氏易林》二卷，见丁《志》。

（14）“伊府”，嘉靖戊申，二十七年，刻《四书朱注》二十六卷，见丁《志》。

（15）“鲁府”，嘉靖甲辰，二十三年，刻《诚斋易传》二十卷，见缪《记》。嘉靖乙丑，四十四年，刻《抱朴子内篇》二十卷，《外篇》五十卷，黄《记》、陆《志》、丁《志》都见。

（16）“赵府”，嘉靖丙辰，三十五年，刻朱子《资治通鉴纲目》五十九卷，见袁《簿》。无年号，刻严粲《诗缉》三十六卷，刘三吾《书传会选》六卷，见《天禄琳琅后编》十二和丁《志》。晁迥《法藏碎金录》十卷，见瞿《目》和丁《志》。《补注释文黄帝内经素问》十二卷，《遗篇》一卷，《灵枢经》十二卷，明《崔铣洹词》十二卷，见丁《志》。《脉经》十卷。

（17）“楚府”，无年号，刻刘向《说苑》二十卷，见陆《跋》。

（18）“辽国宝训堂”，无年号，刻《昭明太子文集》五卷，见孙《记》和缪《记》。

（19）“德藩”，无年号，刻《汉书》一百卷，见莫《目》。

（20）“潞藩”，崇祯丙子，九年，刻《述古书法纂》十卷，见丁《志》。

十四

明刻的精品

明代家刻的书，中间被历来收藏家宝贵的，除了丰城游明大升翻雕元中统本《史记集解索隐》一百三十卷，缪《记》、森《志》、陆《集》都见；刻《宋史全文续资治通鉴》三十六卷，附《宋季朝事实》二卷，张《志》、森《志》、丁《志》，以外，我再列举任下面：

（1）“吴郡沈辨之野竹斋”，刻《韩诗外传》十卷，陈编《廉石居记》、杨《谱》、丁《志》都见。《书鉴》一卷，见杨《续录》。

（2）“昆山叶氏菉竹堂”，刻《云仙杂记》十卷，《四库书目提要》《廉石居记》、瞿《目》、丁《志》都见。陶穀《清异录》二卷，见张《志》和瞿《目》

（3）“江阴涂祯”，弘治辛酉，十四年，仿宋刻九行本桓宽《盐铁论》十卷，见森《志》。

（4）“锡山安国桂坡馆”，嘉靖癸未，二年，刻《颜鲁公文集》十五卷，《补遗》一卷，见孙《记》。嘉靖甲午，十三年，刻宋绍兴本《初学记》三十卷，范《目》《天禄琳琅》

九、丁《志》、陆《志》、杨《志》都见。

（5）“震泽王延喆恩褒四世之堂”，嘉靖丁亥，六年，刻《史记集解索隐正义》一百三十卷，朱《目》、丁《志》、陆《志》、缪《续记》都见。

（6）“吴郡金李泽远堂”，嘉靖戊子，七年，刻《国语韦昭解》二十一卷，见邵注《四库目》。

（7）“吴门龚雷”，嘉靖戊子，七年，刻《鲍彪注战国策》十卷，见瞿《目》。

（8）“吴郡袁褧嘉趣堂”，嘉靖癸巳，十二年，仿宋刻《大戴礼记》十三卷，见《天禄琳琅》九和孙《记》。嘉靖乙未，十四年，仿宋刻《世说新语》三卷，见《天禄琳琅后编》十六和陆《志》。嘉靖己酉，二十八年，仿宋张之纲本《文选注》六十卷，《天禄琳琅》十、朱《目》、丁《志》、缪《记》都见。

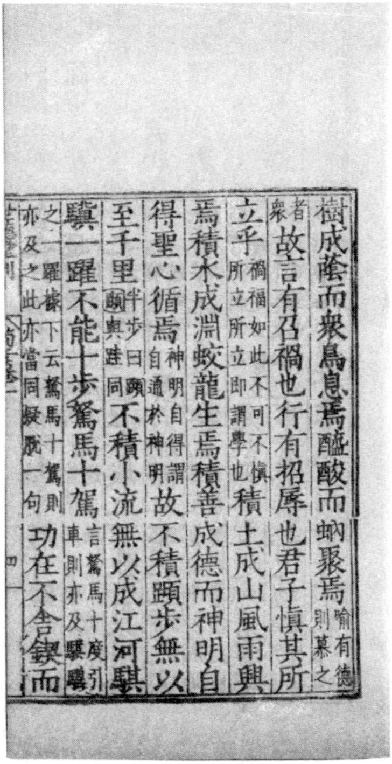

樹成蔭而衆鳥息焉醯酸而蜹聚焉喻有德則慕之者衆故言有召禍也行有招辱也君子慎其所立乎禍福如此不可不慎所立所立即謂學也積土成山風雨興焉積水成淵蛟龍生焉積善成德而神明自得聖心循焉神明自得謂自通於神明故不積蹞步無以至千里半步曰蹞蹞與跬同不積小流無以成江河騏驥一躍不能十步駑馬十駕言駑馬十度引車則亦及騏驥之一躍據下云駑馬十駕則亦及之此亦當同疑脫一句功在不舍鍥而

《荀子》

嘉靖癸巳，顾氏世德堂本。

（9）“顾春世德堂”，嘉靖癸巳，十二年，刻《六子全书道德经》二卷，《南华真经》十卷，《冲虚至德真经》八卷，《荀子》二十卷，《新

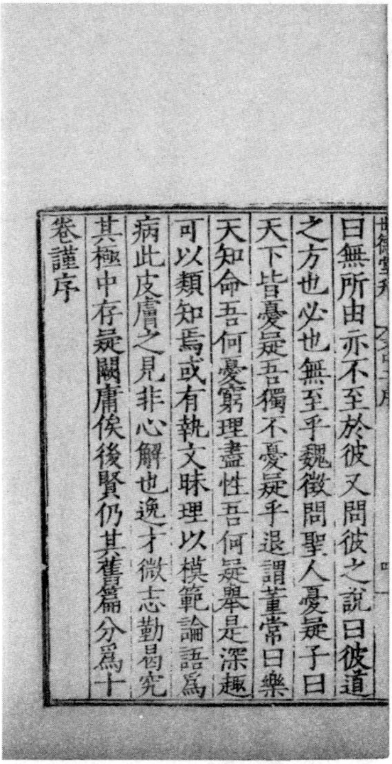
曰無所由亦不至於彼又問彼之説曰彼道
之方也必也無至乎魏徵問聖人憂疑子曰
天下皆憂疑吾獨不憂疑乎退謂董常曰樂
天知命吾何憂窮理盡性吾何疑舉是深趣
可以類知焉或有執文昧理以模範論語爲
病此皮膚之見非心解也逸才微志勤竭究
其極中存疑闕庸俟後賢仍其舊篇分爲十
卷謹序

《中说》

嘉靖癸巳，顾氏世德堂本。

纂门目五臣音注扬子法言》十卷，《中说》十卷，见孙《记》。嘉靖甲午，十三年，刻《王子年拾遗记》十卷，见杨《志》和杨《谱》。

（10）“澶渊晁瑮宝文堂”，嘉靖甲午，十三年，刻《昭德新编》三卷，晁冲之《具茨集》一卷，见丁《志》。嘉靖丙午，二十五年，刻晁说之《晁氏客语》一卷，《晁氏儒语》一卷，晁迥《道院集要》三卷，《法藏碎金》十卷，见何厚甫《培元经眼书目》。

（11）“南平游居敬”，嘉靖丙申，十五年，刻《韩文》四十卷，《外集》十卷，《集传遗文》二卷，《柳文》四十三卷，《别集》二卷，《外集》二卷，《附录》一卷，见丁《志》。

（12）“余姚闻人诠”，嘉靖己亥，十八年，刻《旧唐书》二百卷，《天禄琳琅》九、孙《记》、丁《志》都见。

（13）“金台汪谅”，嘉靖乙酉，四年，刻《史记索隐正义》一百三十卷，钱《日记》、钱《稿书跋》、朱《目》、丁《志》、陆《志》。

（14）“福建汪文盛”，嘉靖己酉，二十八年，刻《前汉书》一百二十卷，《后汉书》一百二十二卷，钱《日记》、孙《记》、丁《志》、缪《记》都见。《五代史记》七十四卷，见丁《志》。

（15）“苏献可通津草堂”，嘉靖己未，三十八年，刻王充《论衡》三十卷，《天禄琳琅》九、孙《记》、朱《目》、陆《志》、森《志》、缪《续记》都见。《韩诗外传》十卷，见莫《目》。

（16）“东吴郭云鹏济美堂”，嘉靖癸卯，二十二年，刻《分类补注李太白诗集》三十卷，见丁《志》。嘉靖己未，

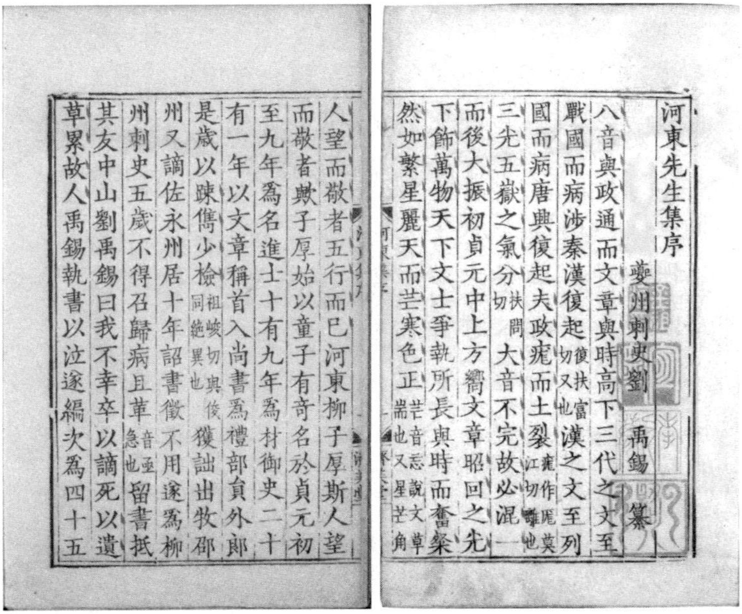

《河东先生集》

唐柳宗元撰，廖莹中注，明嘉靖郭云鹏济美堂翻刻宋廖氏世彩堂本。

三十八年，刻《曹子建集》十卷，见丁《志》。无年号，刻《河东先生集》四十五卷，《外集》二卷，《附录》二卷，《集传》一卷，《后序》一卷，孙《记》、陆《志》、丁《志》都见。《欧阳先生文粹》二十卷，《补遗》十卷，见《天禄琳琅》十和丁《志》。

（17）“俞宪鹁鸣馆”，嘉靖戊申，二十七年，刻《西溪丛语》三卷，黄《记》、陆《志》、陆《跋》、莫《录》、缪《记》。

（18）“东吴徐氏”，嘉靖间，仿宋刻《仪礼注》十七卷，见陆《志》。

（19）“东吴徐时泰东雅堂”，刻宋廖莹中世彩堂《韩昌黎集》四十卷，《外集》十卷，《天禄琳琅后编》十、陆《志》、缪《续记》、丁《志》都见。

（20）“嘉禾项笃寿万卷堂”，隆庆庚午，四年，刻《郑端简奏仪》十四卷，见丁《志》和缪《续记》。万历甲申，十二年，刻《东观余论》三卷，《天禄琳琅》九、孙《记》、陆《续跋》、丁《志》都见。

（21）“嘉禾项德棻宛委堂”，刻元陆友仁《研北杂识》二卷，见陆《志》和丁《志》。天启甲子，四年，刻《奇姓通》四十卷，见缪《记》。《避暑录话》四卷，见莫《目》。

（22）“马元调宝俭堂”，万历甲辰，三十二年，刻元稹《长庆集》六十卷，白居易《长庆集》七十一卷，见森《志》和缪《记》。

（23）“邓渼文远堂”，万历丁巳，四十五年，刻程大

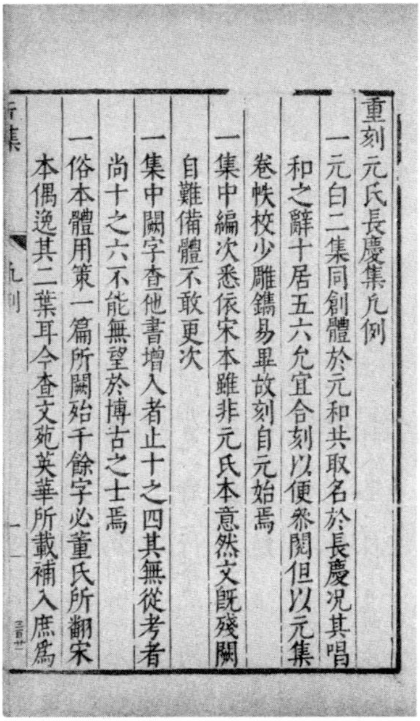

重刻元氏長慶集凡例
一元白二集同創體於元和共取名於長慶況其唱
和之辭十居五六允宜合刻以便參閱但以元集
卷帙校少雕鐫易畢故刻自元始焉
一集中編次悉依宋本雖非元氏本意然文既殘闕
自難備體不敢更次
一集中闕字查他書增入者止十之四其無從考者
尚十之六不能無望於博古之士焉
一俗本體用策一篇所闕殆千餘字必董氏所翻宋
本偶逸其二葉耳今查文苑英華所載補入庶爲

《元白长庆集》

由明代马元调校编，全书共一百四十一卷，合刊唐元稹、白居易两家诗文集，含《元氏长庆集》六十卷、补遗六卷、附录一卷；《白氏长庆集》七十一卷、目录二卷、附录一卷。

昌《演繁露》十六卷，《续》六卷，见丁《志》。无年号，刻《唐文粹》一百卷，见孙《记》。王桢《农书》三十六卷，见《天禄琳琅后编》十六。

（24）“高承埏稽古堂”，刻刘宾客《佳话录》一卷，《剧谈录》二卷，《云仙散录》十卷，《隋唐佳话》三卷，见缪《记》。《南部新书》十卷，《友会从谈》十卷，见缪《续记》。《子夏易传》十一卷，见叶德辉《清话》。

（25）“吴氏西爽堂”，无年号，刻《晋书》一百三十卷，见杨《志》。《三国志》六十五卷，见缪《续记》。

（26）“万玉堂”，刻《太玄经》十卷，《天禄琳琅后编》五、瞿《目》、森《志》、缪《续记》都见。

（27）“吴郡杜诗”，刻鲍彪《战国策校注》十卷，见《天禄琳琅后编》四。

（28）“元和吴元恭”，刻《尔雅注》三卷，见顾广圻《思适斋集》。

这种刻书，都是根据旧本，其结果，能使宋椠增加了不少的化身。再论到刻丛书，最精的要算是顾元庆的《四十家文房小说》；其次，便是胡维新的《两京遗编》；又其次，便是程荣的《汉魏丛书》。至于像吴琯的《古今逸史》，时有脱落和错误的地方，何允中增刻的《汉魏丛书》很缺乏选择的眼光；到了后来胡文焕的《格致丛书》，陈继儒《秘笈》那类东西，更是割裂首尾，改头换面，简直可以说是“书史”上的罪人了。

十五

明代的私刻和坊刻

上面所叙述的，是专限于精本，还有私刻和坊刻的书，因为年代的关系，到现在遗留存着的，比较宋元刻本要多好几倍，现在再拿来分别叙述一下：

（1）“紫阳书院”，成化三年，刻《瀛奎律髓》四十九卷，见杨《志》。

（2）“义阳书院”，嘉靖辛卯，十年，刻何景明《大复集》二十六卷，见莫《目》。

（3）“无锡崇正书院”，嘉靖壬辰，十一年，华麟祥刻《事类赋》三十卷，见《天禄琳琅》九和丁《志》。

（4）“广东崇正书院”，嘉靖丙申，十五年，刻《四书集注》十四卷，见《范》目。嘉靖丁酉，十六年，刻《汉书》一百二十卷，见朱《目》和缪《记》。《后汉书》一百二十卷，范《目》、陆《志》、朱《目》、缪《记》、森《志》。

（5）“九峰书院”，嘉靖丙申，十五年，刻亢好向《中州集》十卷，《中州乐府》一卷，见黄《记》和丁《志》。

（6）“芸窗书院”，嘉靖甲辰，二十二年，刻《侯鲭录》

大復論題辭

大復論者　本朝督學大夫信陽何景明之所著也弘治時　上方右文興化一時能文之士力追古初起衰振敝蓋靄蒸雲變蔚然稱盛焉公時爲中書舍人與空同李氏武功康氏諸豪俊並入騷壇聯鑣藝苑相爲雄長矣正德初逆竪柄權群奸竊勢紀綱法令漸至瞀弛公目擊時事慨然憤之故著爲此論大抵多激切之語即賈誼治安董生三策不啻過也忠哉諒乎匪直以其文已康武功叙公所論著凡數萬言皆當實不修可以上薄屈宋董賈有相如子長之風信矣信矣公才高而意宏德純而識遠蓋儒之傑然者此論附之法家以所

《大复集》（明刊本）

何景明（1483—1521），字仲默，号白坡，又号大复山人，明代文人，弘治十五年进士，授中书舍人，官至陕西提学副使。“前七子”之一，与李梦阳并称文坛领袖。其诗取法汉唐，有《大复集》。

八卷，见缪《续记》和丁《志》。无年号，刻《荀子》二十卷，见《天禄琳琅》后编十六。《扬子》十卷，《文中子》十卷，见《缪记》。

（7）“鳌峰书院”，无年号，刻《侯鲭录》八卷，见傅沅叔《增湘藏书》。

（8）“籍山书院”，万历庚子，十九年，重刻《经史证类大全本草》三十一卷，见丁《志》。

（9）“正学书院”，刻《国语补音》三卷，见杨《志》。

（10）“东林书院”，刻《龟山杨文靖集》三十五卷，见瞿《目》。

（11）“龙川书院”，刻《陈龙川先生集》三十卷，见丁《志》。

（12）“建溪精舍”，洪武壬戌，十五年，刻《傅汝砺诗集》八卷，见瞿《目》和陆《志》。

（13）“詹氏进德精舍”，弘治壬子，五年，翻刻南山书院本《广韵》五卷，见森《志》和陆《续跋》。

（14）“余有堂凤山精舍”，正德丁卯，二年，刻《论语集注》十卷，见森《志》。

（15）“南星精舍”，嘉靖乙酉，四年，刻《嵇中散集》十卷，见孙《记》和陆《志》。

（16）“崦西精合”，刻《宋之问集》二卷，见瞿《目》。

（17）“古杭精德书堂”，洪武戊午，十一年，刻《皇元风雅前集》六卷，《后集》六卷，见杨《谱》和缪《续记》。杨辉祖《算书五种》七卷，见杨《志》。

（18）“遵正书堂”，洪武壬申，二十五年，刻《增修笺注妙选群英草堂诗余前集》二卷，《后集》二卷，见缪《续记》。

（19）“广成书堂”，永乐甲辰，二十三年，翻刻元南山书院本《广韵》五卷，森《志》、陆《续跋》、杨《志》、杨《谱》。

（20）“书林魏氏仁实书堂”，景泰六年，刻《性理大全》七十卷，王幼学《朱子资治通鉴纲目集览》五十九卷，孙《记》《天禄琳琅》五、瞿《目》都见。弘治甲子，十七年，刻《楚辞集注》八卷，《后语》六卷，《辨证》二卷，见缪《续记》。弘治乙丑，十八年，刻《道德经》二卷，《列子冲虚至德真经》八卷，见森《志》。

（21）“歙西鲍氏耕读书堂”，天顺辛巳，五年，刻宋鲍云《天原发微》五卷，见瞿《目》。

（22）“玉峰书堂”，成化四年，刻明寇平《全幼心鉴》八卷，见缪《记》。

（23）“郃阳书堂”，成化四年，刻《长安志》二十卷。《长安志图》三卷，见黄《记》和杨《录》。

（24）“罗氏竹坪书堂”，成化癸巳，九年，刻《子午流注经》三卷，见森《志》。

（25）“崇仁书堂”，成化甲午，十年，刻《春秋胡传》三十卷，见范《目》。

（26）“刘氏明德书堂”，弘治七年，刻《卫生宝鉴》二十四卷，《补遗》一卷，见森《志》。无年号，刻《大庆益会玉篇》三十卷，见杨《谱》和杨《志》。

（27）“刘氏文明书堂”，弘治辛酉，十四年，刻《广韵五卷》，见杨《志》。

（28）“集贤书堂”，弘治乙丑，十八年，刻周藩《袖珍方大全》四卷，见丁《志》。

（29）“陈氏存德书堂”，正德戊辰，三年，刻《类证注释钱氏小儿方诀》十卷，《陈氏小儿病原方论》四卷，见森《志》和缪《续记》。

（30）“锡山秦氏绣石书堂”，嘉靖丙申，十五年，刻

《锦绣万花谷前集》四十卷，《后集》四十卷，《续集》四十卷，《别集》三十卷，陆《志》、丁《志》、森《志》、缪《记》都见。无年号，刻《汉武故事》二卷，见钱《记》。

（31）“崇文书堂”，嘉靖戊申，刻宋陈应行编《吟窗杂录》五十卷，见缪《续记》。

（32）“新贤书堂”，嘉靖壬戌，四十一年，新刊《四明先生高昀大字续资治通鉴》二十卷，见孙《记》。

（33）“吴氏玉融书堂”，刻《事林广记外集》二卷，见陆《续跋》。

（34）“南星书屋”，嘉靖乙酉，四年，刻《嵇中散集》十卷，见陆《志》和孙《记》。

（35）“许宗直宜静书屋”，嘉靖戊子，七年，刻《吕氏春秋》十六卷，见森《志》。无年号，刻《尔雅注》三卷，见范《目》和丁《志》。《国语》二十一卷，见缪《记》和丁《志》。吴棫《韵补》五卷，见瞿《目》。

（36）“前山书屋”，嘉靖甲午，十三年，黄省曾刻《水经》四十卷，《山海经》十八卷，见《天禄琳琅》八。

（37）“义兴沈氏楚山书屋”，嘉靖中，刻宋弁《曲洧旧闻》十卷，见瞿《目》。

（38）“九洲书屋”，无年号，刻《初学记》三十卷，《天禄琳琅》九、《后编》十七、缪《记》都见。

（39）“梁氏安定堂”，正统丁巳，二年，刻《韵府群玉》二十卷，见森《志》。

（40）“善敬堂”，正统戊辰，十三年，刻《增广注释音辨唐柳先生集》四十二卷，《别集》二卷，《外集》二卷，《附录》一卷，见森《志》。

（41）“鳌峰熊宗立种德堂”，正统五年，刻《类证注释小儿方诀》十卷。天顺甲申，八年刻《外科备要》三卷，《新编妇人良方补遗大全》二十四卷。成化二年，刻《增广太平惠民和剂局方》十卷，己丑，该是成化四年，刻《增证陈氏小儿痘疹方论》二卷，见森《志》。新刊《补注释文黄帝内经素问》十二卷，《素问入式运气论奥》三卷，《素间内经遗编》一卷，见丁《志》。

（42）“叶氏南山堂”，天顺壬午，六年，刻《新增说文韵府群玉》二十卷，见丁《志》。

（43）“书林刘宗器安正堂”，弘治甲子，十七年，刻《针灸资生经》七卷，见森《志补遗》。正德六年，新刊《京本详增补注东莱先生左氏博议》二十五卷，见张《续志》。正德丁丑，十二年，刻《类聚古今韵府群玉续编》四十卷，见孙《记补遗》，正德己卯，十四年，刻《集千家注批点杜工部诗集》二十卷，见《蕙风簃藏书》。辛巳，该是正德十六年，刻《象山先生集》二十八卷，《外集》五卷，见《天禄琳琅》六。嘉靖二年，刻朱公迁《诗经疏义》二十卷，吴《记》、瞿《目》、丁《志》都见。嘉靖三年，重刻宋濂《学士文集》二十六卷，《附录》一卷，见丁《志》。丙戌，该是嘉靖五年，刻增刊《校正王状元集诸家注分类东坡先生诗》三十卷，见陆《志》。庚寅，该是嘉靖九年，刻《韩文正宗》二卷，见瞿《目》。陈傅良《止齐集》二十六卷，《附录》一卷，《遗文》一卷，见丁《志》。嘉靖九年，刻明陈喆《春秋胡传集解》三十卷。嘉靖壬辰，十一年，刻宋刘达可编《璧水群英待问会元选要》八十二卷，见范《目》。万历壬辰，二十年，刻宋秦观《淮海集》四十卷，《后集》六卷，见袁《簿》。万历辛亥，三十九年，刻《新编事文类聚翰墨大全》一百二十五卷，见缪《续记》。

（44）“皇甫氏世业堂”，正统庚辰，十五年，刻《博雅》十卷，见《天禄琳琅后编》十二。

（45）“赣州府清献堂”，嘉靖元年，刻《埤雅》二十卷，见范《目》。嘉靖癸未，二年，刻《巾箱本书经集注》十卷，《序》一卷，见丁《志》。

（46）“南康府六老堂”，嘉靖丁亥，六年，刻陈澔《礼记集说》三十卷，范《目》、瞿《目》、丁《志》都见。《四书集注》二十六卷，见范《目》。

（47）“书林叶一兰作德堂”，嘉靖乙巳，二十四年，新刊演山省翁《活幼口议》二十卷，见森《志补遗》。

（48）“雷氏文会堂”，嘉靖年间，新刊《济世产宝论方》二卷，见森《志》。

（49）“浙江叶宝山堂”，嘉靖癸丑，刻《重订校正唐荆川先生文集》十二卷，见缪《记》。

（50）“张之象猗兰堂”，嘉靖甲寅，三十三年，刻《自注盐铁论》十二卷，见森《志》。

（51）“宝云堂”，嘉靖十一年，赵继宗，刻宋赵偕《宝峰先生文集》二卷，见丁《志》。

（52）“陈奇泉积善堂”，隆庆辛未，五年，刻《纂图互注老庄列三子》二十卷，见森《志》。万历己酉，三十七年，刻《京本排韵增广事类氏族大全》二十八卷，见丁《志》。

（53）“徐守铭宁寿堂”，万历丁亥，十五年，刻《初学记》三十卷，见孙《记》和森《志》。吴淑《事类赋》三十卷，见《天禄琳琅》九和《学部图书馆目》。

（54）“吴公宏宝古堂”，万历癸卯，三十一年，刻《博古图》三十卷，见《天禄琳琅》八。

（55）“新都吴氏树滋堂”，万历丙午，三十七年，刻《世说新语》三卷，见孙《记》和缪《记》。

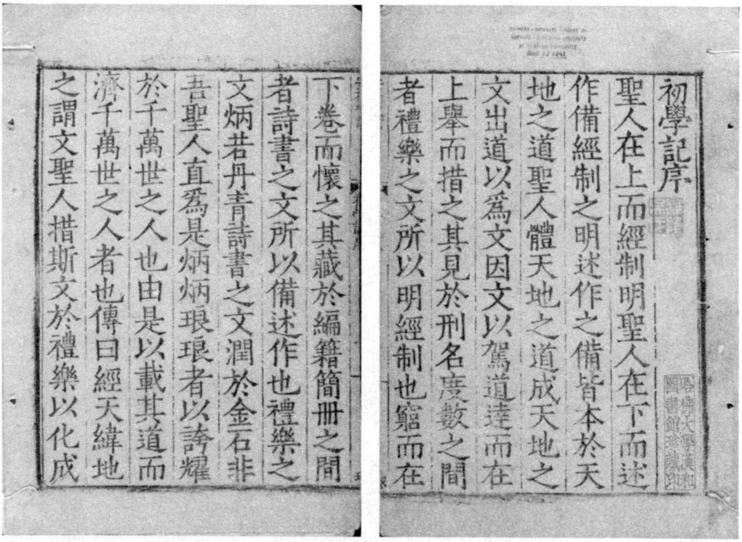
初學記序
聖人在上而經制明聖人在下而述作備經制之明述作之備皆本於天地之道聖人體天地之道成天地之文出道以爲文因文以駕道達而在上舉而措之其見於刑名度數之間者禮樂之文所以明經制也窮而在下卷而懷之其藏於編籍簡册之間者詩書之文所以備述作也禮樂之文炳若丹青詩書之文潤於金石非吾聖人直爲是炳炳琅琅者以誇耀於千萬世之人也由是以載其道而濟千萬世之人者也傳曰經天緯地之謂文聖人措斯文於禮樂以化成

《初学记》

《初学记》是唐玄宗时徐坚奉敕纂辑的一部官修类书。全书共三十卷，取材于群经诸子、历代诗赋及唐初诸家作品，保存了很多古代典籍的经典语句。此为明嘉靖十年锡山安国桂坡馆刊本。

（56）“董氏万卷堂”，刻《隆平集》二十卷，见瞿《目》。

（57）“书林龙田刘氏乔山堂”，万历辛亥，三十九年，刻《注解伤寒百证歌发微论》四卷。万历壬子，四十年，刻《类证增注伤寒百问歌》四卷，见森《志补遗》。

（58）“海虞三槐堂”，天启间刻《侯鲭录》八卷，见丁《志》。

（59）“叶益荪春昼堂”，崇祯庚辰，十三年，刻《陶靖节集》六卷，见缪《续记》。

（60）“新都吴继仕熙春堂”，无生号，刻《六经图》六卷，见《天禄琳琅后编》十三。

（61）“熊氏卫生堂”，无年号，刻新刊《铜人针灸经》七卷，见森《志》。

（62）“明德堂”，无年号，刻《卫生宝鉴》二十四卷，《补遗》一卷，见森《志》。

（63）“双柏堂”，无年号，仿宋刻丁黻本《越绝书》十五卷，见陆《志》和陆《续跋》。

（64）“如隐堂”，无年号，刻《洛阳伽蓝记》五卷，张《续志》、瞿《目》、缪《续记》都见。

（65）“豫章王氏先容馆”，隆庆辛未，五年，刻《楚辞章句》十七卷，朱《目》、森《志》、杨《志》、缪《续记》都见。

（66）“翠岩馆”，万历戊子，十六年，刻《素书》一卷，见陆《志》。

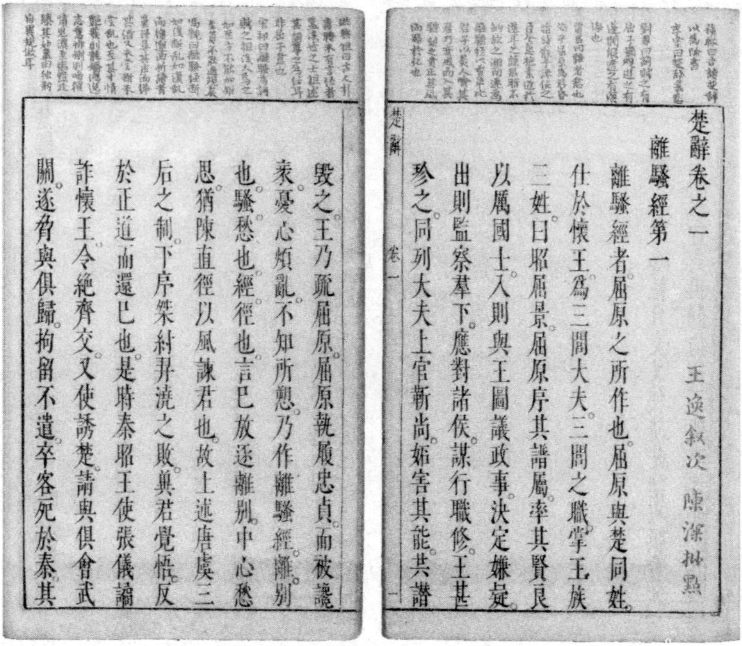
楚辭卷之一　王逸敘次　陳深批點
離騷經第一
離騷經者屈原之所作也屈原與楚同姓仕於懷王爲三閭大夫三閭之職掌王族三姓曰昭屈景屈原序其譜屬率其賢良以厲國士入則與王圖議政事決定嫌疑出則監察羣下應對諸侯謀行職修王甚珍之同列大夫上官靳尚妬害其能共譖毁之王乃疏屈原屈原執履忠貞而被讒衺憂心煩亂不知所愬乃作離騷經離別也騷愁也經徑也言已放逐離別中心愁思猶陳直徑以風諫君也故上述唐虞三后之制下序桀紂羿澆之敗冀君覺悟反於正道而還已也是時秦昭王使張儀譎詐懷王令絕齊交又使誘楚請與俱會武關遂脅與俱歸拘留不遣卒客死於秦其
楚辭　卷一　一

《楚辞章句》

（67）“潘元度玉峰青霞馆”，重刻《大唐新语》十卷，改题《唐世说新语》，见杨《志》。

（68）“辨疑馆”，刻《易林》四卷，见陆《志》。

（69）“清真馆”，刻《云笈七签》一百二十二卷，瞿《目》、陆《志》、丁《志》。

（70）“书户刘洪慎独斋”，弘治戊午，十一年，刻《资治通鉴纲目》五十九卷，见范《目》。正德戊辰，三年，刻《山堂群书考索前集》六十六卷，《后集》六十五卷，《续集》五十六卷，《别集》二十五卷，《天禄琳琅后编》十七、丁《志》、陆《志》、缪《记》都见。正德戊寅，十三年，刻

《十七史详节》二百七十三卷，范《目》《天禄琳琅后编》十五、《廉石居记》、陆《志》《天禄琳琅后编》四都见。《文献通考》三百四十八卷，见丁《记》和缪《记》。正德己巳，四年，刻《资治通鉴节要》二十卷，见《孙记续编》。正德辛巳，十六年，重刻孙真人《备急千金要方》三十卷，《目录》一卷，见森《志》。嘉靖癸未，二年，刻巾箱本《西汉文鉴》二十一卷，《东汉文鉴》十九卷，见缪《记》。嘉靖己丑，八年，刻《资治迩鉴纲目》五十九卷，见森《志》。嘉靖壬辰，十一年，刻宋刘达可《璧水群英待向会元》八十二卷，见丁《志》。嘉靖甲午，十三年，刻明邵宝《容春堂集》六十六卷，见丁《志》。无年号，刻胡寅《读史管见》八十卷，见陆《志》。《明一统志》九十卷，见缪《记》。

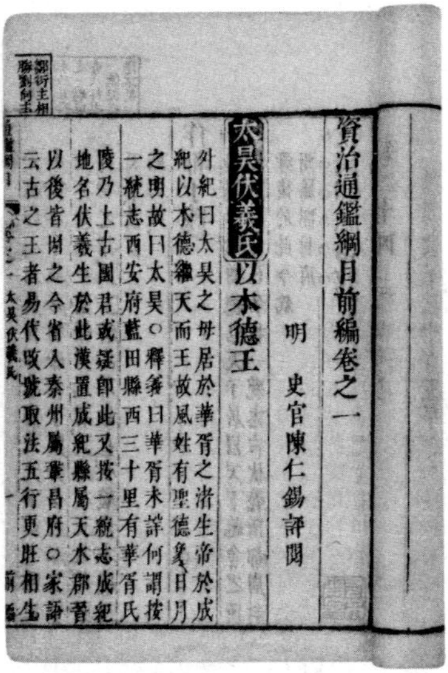

《资治通鉴纲目》（明刻本）

（71）“桂连西斋”，正德庚午，五年，刻《汉董仲舒集》一卷，见《天禄琳琅后编》十八。

（72）“顾起经奇字斋”，嘉靖乙卯，刻《类笺王右丞诗集》十卷，《文集》四卷，见范《目》诗集类和缪《续记》。万历元年，刻《标题补注蒙求》三卷，见丁《志》。

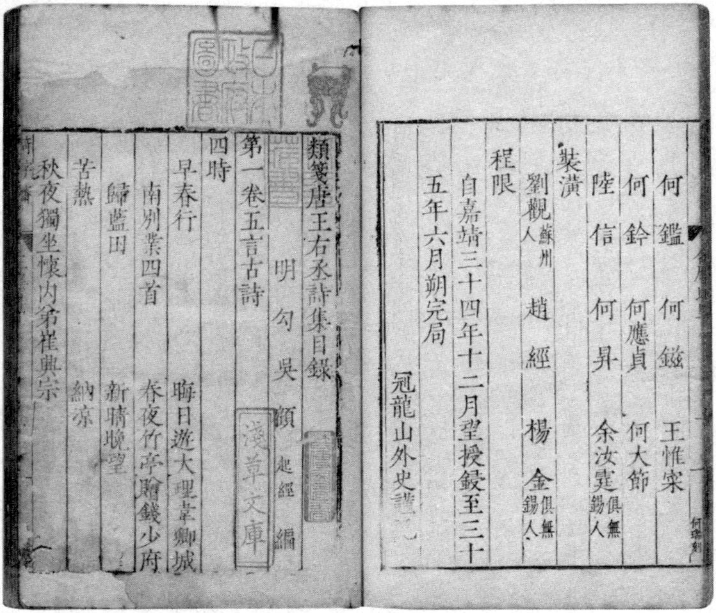

《类笺唐王右丞诗集》

这是唐代诗人王维现存最早的诗注本，共十卷。此为明嘉靖三十五年锡山顾起经奇字斋刊本。

（73）“杨氏归仁斋”，嘉靖丁巳，三十六年，刻《事文类聚》一百十七卷，见杨《志》和丁《志》。陈子经《资治通鉴纲目外纪》一卷，金履祥《通鉴前编》十八卷，《朱子通鉴纲目》五十九卷，商辂《通鉴续编》二十七卷，见丁《志》。

（74）“纯白斋”，万历元年，重刻《荆川先生文集》十七卷，《外集》三卷，《附录》一卷，见丁《志》。

（75）“武林冯绍祖绳武观妙斋”，万历丙戌，十四年，刻《楚辞章句》十七卷，见丁《志》。

（76）“泊如斋”，万历戊子，十六年，刻《宣和博古图》三十卷，见孙《记》和缪《续记》。《考古图》十卷，见《天禄琳琅》八和陆《续跋》。

（77）“豫章璩之璞燕石斋”，万历乙未，二十三年，刻王世贞《苏长公外纪》十卷，见缪《记》。

（78）“真如斋”，万历庚戌，三十八年，刻《刘嵩槎翁诗》八卷，见丁《志》。

（79）“乔可传寄寄斋”，万历辛亥，三十九年，刻《路史前纪》九卷，《后纪》十三卷，《国名纪》九卷，《发挥》五卷，《余论》十卷，见缪《记》。

（80）“双甕斋”，万历丙辰，四十四年，蔡达甫刻《蔡忠惠集》三十六卷，徐㶿辑《外纪》十卷，见丁《志》。

（81）“金陵奎壁斋”，崇祯六年，汇刻《忠经》《孝经》《小学》十卷，见缪《续记》。

（82）“单恂净名斋”，崇祯戊寅，十一年，刻《宋岳少保忠武王集》一卷，见丁《志》。

（83）“歙岩镇汪济川主一斋”，无年号，刻《巢氏诸病源候总论》五十卷，孙《记》、瞿《目》、扬《志》、丁《志》都见。

（84）“霏玉斋”，无年号，刻《重刊分类补注李诗全集》二十五卷，《文集》五卷，见缪《记》。

（85）“徐焴万竹山房”，嘉靖甲申，三年，刻《重校正唐文粹》一百卷，见缪《记》。

（86）“乔世宁小丘山房”，嘉靖甲辰，二十三年，刻孙真人《备急千金要方九》十三卷，《目录》一卷，见森《志》

和丁《志》。

（87）“武林冯念祖卧龙山房”，万历丙戌，十四年，刻元徐天祐《吴越春秋》十卷，见《天禄琳琅》八。

（88）“椒郡伍氏龙池草堂”，嘉靖丁酉，二十五年，刻《张说之文集》二十五卷，见孙《记》和瞿《目》。

（89）“玉兰草堂”，无年号，刻陶九成《南村辍耕录》三十卷，见缪《记》。

（90）“书林刘宽”，宣德乙卯，刻《朱子资治通鉴纲目》五十九卷，见《天禄琳琅后编》十四。

（91）“书林余氏”，正统辛西，六年，刻《十八史略》二卷，见森《志》。

（92）“书林龚氏”，正德己卯，十四年，刻黄震《黄氏日钞》九十七卷，见《浙录》和杨《志》。

（93）“书林童文举”，万历三年，重刻袁表校刻《脉经》十卷，见森《志补遗》。

（94）“书林董思泉”，万历辛巳，九年，刻《墨子》六卷，见杨《志》。

（95）“书林詹氏”，无年号，刻京本《校正注释音文黄帝内经素问灵枢集注》十五卷，见丁《志》。

（96）“国子监前赵铺”，弘治丁巳，十年，刻《涧谷精选陆放翁诗集前集》十卷，《须溪精选后集》八卷，《别集》一卷，见丁《志》。

（97）“正阳门内巡警铺对门金台书铺”，嘉靖元年，翻刻《元张伯颜文选》六卷，见范《目》和丁《志》。

（98）“杭州钱塘门里车桥南大街郭宅纸铺”，无年号，刻《寒山诗》一卷，《丰干拾得诗》一卷，附《慈爱拟寒山诗》一卷，见瞿《目》。

（99）“蓝山书舍”，洪武庚辰，建文二年，刻《武夷蓝山先生诗集》八卷，见丁《志》。

（100）“刘氏博济药室”，宣德癸丑，八年，刻《类证活人书括》四卷，见森《志补遗》。

（101）“维扬资政左室”，万历己卯，七年，刻《吕氏春秋》二十六卷，见杨《谱》。

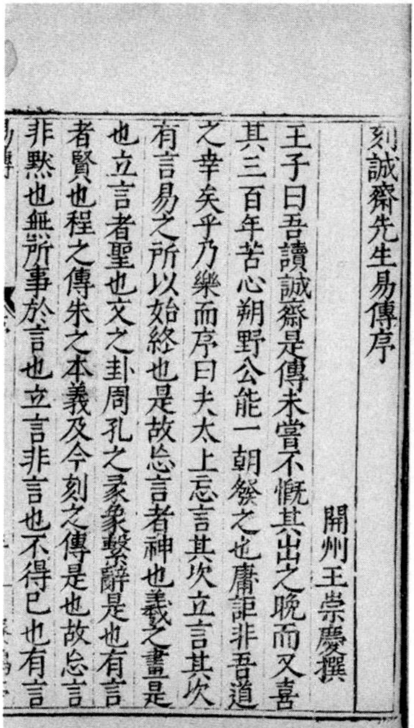

刻誠齋先生易傳序

開州王崇慶撰

王子曰吾讀誠齋是傳未嘗不慨其出之晚而又喜其三百年苦心朔野公能一朝發之也庸詎非吾道之幸矣乎乃樂而序曰夫太上忘言其次立言其次有言易之所以始終也是故忘言者神也羲之畫是也立言者聖也文之卦周孔之彖象繫辭是也有言者賢也程之傳朱之本義及今刻之傳是也故忘言非黙也無所事於言也立言非言也不得已也有言

《诚斋先生易传》

明嘉靖二十一年尹耕疗鹤亭刻本。

（102）“蒋德盛武林书室”，万历庚子，二十八年，刻《敬齐古今黈》十二卷，陆《志》、缪《志》、丁《志》都见。

（103）“太元书室”，刻桓宽《盐铁论》十卷，见黄《记》。

（104）“尹耕疗鹤亭”，嘉靖壬寅，二十一年，重刻《诚斋先生易传》二十卷，见丁《志》和缪《记》。

（105）“顾汝达万玉楼”，嘉靖庚戌，二十九年，刻宋本《南唐书》三十卷，见缪《记》。

（106）“赣郡萧氏古翰楼”，嘉靖间，刻《妙绝古今》四卷，见缪《续记》。

（107）“芙蓉泉屋”，嘉靖十八年，刻《韩诗外传》十卷，见陆《志》。

（108）“东里董氏茭门别墅”，嘉靖壬子，三十一年，翻刻宋绍兴府洪适本《元氏长庆集》六十卷，见丁《志》。

（109）“龙邱桐源舒伯仁梁溪寓舍”，万历二年，刻中兴以来《绝妙好词》十卷，范《目》、瞿《目》、丁《志》。

（110）“吴兴花林东海居士茅一相文霞阁”，万历庚辰，《刻蔡中郎集》十一卷，见丁《志》。

（111）“吴郡顾凝远诗瘦阁”，崇祯乙亥，八年，仿宋刻《济北晁先生鸡肋集》七十卷，见《四库书目提要》和丁《志》。

（112）“清平山堂”，无年号，刻叶祖荣《类编分类夷坚志》十一卷，见缪《续记》。

（113）“众芳书斋”，隆庆元年，刻《绘图增编会真记》四卷，见缪《续记》。

（114）“清梦轩”，无年号，刻苏辙《栾城集》五十卷，《后集》二十四卷，《三集》十卷，《应诏集》十二卷，见瞿《目》和丁《志》。

（115）“三衢近峰夏相”，嘉靖壬子，三十一年，仿宋刻《古今合璧事类备要前集》六十九卷，《后集》八十一卷，《续集》五十六卷，《别集》九十四卷，《外集》六十六卷，陆《志》、丁《志》、缪《记》。

（116）“扬州陈大科”，万历丁酉，二十五年，刻《初学记》三十卷，见《邵注四库目》。

（117）“金陵王举直”，刻《雅颂正音》五卷，见黄《记》和陆《志》。

（118）“金陵周对峰”，万历辛卯，十九年，刻《新刊簪缨必用翰苑新书前集》十二卷，《后集》七卷，《别集》二卷，《续集》八卷，见丁《志》。

（119）“姑苏叶氏戊廿”，无年号，刻《王状元荆钗记》全卷，见黄《记再续》。

（120）“沈启南”，无年号，刻《晏子春秋》八卷，见杨《谱》。

以上各家，或刻一种，或刻二三种，其中刻书独多的，只有刘洪的慎独斋和刘宗器的安正堂。其他，像常熟毛晋，是以藏书著名的，但是他所刻的，自从《十三经》《十七史》《津逮秘书》《唐宋元人别集》一直到道藏词曲搜罗得非常丰富，尤其是刻《说文解字》这一部书，使元明两朝没有刻过的本子，忽而出现，在小学上，实有极大的功绩。可是他的刻书，不根据所藏宋元旧本，校勘也非常粗率，这是我们对他十分抱憾的一桩事。

十六

明代的刻书的陋弊

明代刻书，往往有改头换面，删节易名的，有添改脱误于字旁的，所用字体，有用《说文》体字，也有用古体字的，这是极大的缺点，我且把他分说在下面。

（一）改换名目

例如冯梦祯刻唐刘肃《大唐新语》，把他改作《唐世说新语》，商维浚刻《稗海》将《叶少保岩下放言》改作《郑景望蒙斋笔谈》，郎奎金刻《释名》，把他改作《逸雅》，全凭臆造，没有什么根据，又像陶九成的《说郛》，胡文焕的《格致丛书》，陈继儒的《秘笈新书》，陋弊更多，《说郛》经后人一再改编，当然不能专责南村，胡文焕是一个没有知识的坊估，也不值得我们批评，只是陈氏《秘笈》全出于欺世盗名，评乱古人，疑误后学，他人格的卑下，也可从此想见了。

（二）添改脱误

“刻书首在凝神校勘，以免脱误，像宋本的一格两字，倘使这书的文法非常古奥，难免要使读者分不出正文和注文。至于把误字添改在旁边，看起来更觉得不便。黄《记》著录甘复《山窗余稿》一卷，说：“此刻遇衍字加点于旁，或即以所改字注于旁，遇脱字亦如之；此法甚善，古书每行字不齐，故有时挤下几字，拔疏几字以迁就之，从未有如此刻例之旁注者。吾谓刻书之法，此可取则，省修板剜损之虞，且古帖有如此刻者，何独不可施诸书邪？”他的话，也有太好古的毛病，他拿“古帖”来替“旁注“作护符，却不知古帖的“旁注，”或由于原本真迹不可改移或由于重刻裁行致有夺字，不能和刻书一概而论的。况且“兰亭”因“曾不知老之将至”这句句子，夺了一个“曾”字，因此就添一个“曾”字上去，并且在曾傍加一个“<”的记号，后来就把“曾”字误作“僧”字了。怀素的千文中间“律召调阳”一句，因为草书的“召”字和“吕”字一样，现在就把“召”字误作“吕”字了，后来考碑帖的，不能个个人像翁覃溪一样，读古书的，不能个个人像王怀祖一样，那么，刻书而添改脱误，便是一个极大的陋弊。

（三）用《说文》体字

宋岳珂在《九经三传沿革例字·画》一条里说：“其有骇俗者，则通之以可识者。”注说：“如‘亶’之为‘宜’，‘晉’之为‘晋’之类，皆取石经遗文。”又说：“非若近世眉山李肩吾从周所书《古韵》及文公《孝经刊误》等书纯用古体也。”可知刻书字贵通俗，在宋已是这样，何况现在？但是明嘉靖间的风气，都喜欢拿《说文》来写作正楷，这确是很大的弊病，许宗鲁刻的《国语韦昭注》《吕氏春秋》、陆钺刻的《吕氏家塾读诗记》都是这样。

（四）用古体字

明中叶以后，许多刻稿的，除了七子和王、唐、罗、归而外，也颇有可采取的；不过大多喜用古体字，却是一个大毛病。就像海盐冯丰这班人更加利害，查他山批评他们说："此不明六书之故，若能解释得出《说文》，断不敢用也。"这话未免高视了明人；要知道明代研究《说文》的只有赵宧光一个人，他所做的《长笺》还有很多靠不住的地方，况且这人，已在明的末季，这时刻书用古体字的风气已稍衰杀了。其实明代刻书的人，和他论到字学，就是讲讲王安石的《字说》，也尽够了，何必要他们懂得《说文》呢？

十七 明代的私家藏书

明初的私家藏书，当然要推诸藩：像晋庄王钟铉、周定王橚、宁献王权都好古书。隆庆以后，愈加发达：周定王的六世孙睦㮮，宁献王的七世孙谋玮，收罗都极丰富，可惜后来都遭巨劫，诸藩的藏书事业，便从此不能再振兴起来了。

诸藩以外，要算金华宋濂，字景濂（1310—1381），他在明初的学术文化上极有贡献，自兵火之后，迁居浦江，读书青萝山中，藏书数万卷。浦江有郑濶，字仲养，藏书八万卷，可是不久遭火都毁去了，见查慎行《人海记》卷下。后来有昆山叶盛，字与中（1420—1474），有《菉竹堂书目》，他是正统乙丑的进士，官做到吏部侍郎，钱大昕在《红雨轩集跋》里说他，“生平无他好，独笃于书，服书数十年，未尝一日辍之，虽持节边檄，必携钞胥自随，每钞一书，辍用官印识于卷端”。见《潜研堂文集》卷三十一。朱彝尊也说他“每见异书，虽残编蠹简，必依格缮写，奇秘亚于册府。”见《静志居诗话》卷七。和他同时的，有太仓陆容，字文量（1436—1496），有《式斋藏书目录》。长洲吴宽，字原博（1435—

1504），有《丛书堂目录》。和陆容斋名的，又有张泰，字亨父（1436—1480）。陆钺，字鼎仪（1441—1490），当时称做“娄东三凰”。

成化以后，藏书的风气更盛了：在苏州有朱存理，字性甫（1444—1522）；杨循吉，字君谦（1456—1544）；都穆，字元敬（1458—1525）；文璧，字徵明（1470—1551）；钱同爱，字孔周（1475—1549）；张寰，字允清（1486—1561），（有崇古楼）；顾元庆，字大有（有夷白堂）；在华亭有徐献忠，字伯臣；何良俊，字元朗，生大韶，字象玄；在上海有陆深，字子渊（1477—1544）；和黄标，字良玉。上面这些藏书家，都限于江苏一隅；到了嘉隆年间，浙江和江苏的藏书家，方成对垒的形势。当时武进的唐顺之，字应德（1507—1560）；太仓的王世贞，字元美（1526—1590）；长洲的钱榖，字叔宝（1508—1572）；刘凤，字子威；海虞的杨仪，字梦羽；归安的茅坤，字鹿门（1522—1603）；乌程的沈节甫，字以安；嘉兴的项元汴，字子京（1525—1590）；宁波的范钦，字尧卿，这几个人，都是清代藏书家的急先锋。

其中最值得一提的，便是天一阁的主人翁范钦，他是嘉靖十一年的进士，专收罗说经的著述，和前人没有传本的诗文集。起初曾从丰道生钞书，后来又购得他万卷楼的书，藏在天一阁里。他死了以后，封闭得非常严密，不是他各房子孙齐到的时候，不准开锁。并且不借人，不出阁，虽易代以后颇多阙佚，可是几百年来藏书的历史最久长的，不能不首推这阁了。他所校刊的《范氏二十种奇书》，更为后代所宝贵，现在将这二十种的目录举在下面：

（1）《乾坤凿度》

（2）后周卫元嵩的《元包经传》

（3）唐张行成的《元包数总义》

（4）宋程迥的《周易古占法》

（5）晋王弼的《周易略例》

（6）唐郭京的《周易举正》

（7）汉京房的《京氏易传》

（8）北魏关朗的《关氏易传》

（9）《麻衣正易心法》

（10）《穆天子传》

（11）《孔子集语》

（12）唐韩愈李翱的《论语笔解》

（13）《郭子翼庄》

（14）《广成子解》

（15）《三坟》

（16）《商子》

（17）唐张弧的《素履子》

（18）《竹书纪年》

（19）宋司马光的《潜虚》

（20）唐李涧《虎钤经》

万历以后的学者，对于搜罗典籍的工作，更加热心；最著名的，便是金陵的焦竑，字弱侯（1541—1620）和江阴的李鹗翀，字如一（1557—1630）。竑本来是山东日照人，以军籍的关系，住在金陵。藏书两楼五楹俱满，他所看过的书，都经校雠，见《澹生堂藏书训》。到了明末，都散失了。黄右冲在《天一阁藏书记》里说："辛巳在南中，闻焦氏书欲卖，急往讯之，不受奇零之值，二千金方得为售主。"见《南雷文约》卷四。也可见他的价值了。

鹗翀别字贯之，多识古文奇字，晚年，和虞山钱谦益，字受之，很要好，因为两人都有爱书的癖性，可惜他得月楼的书，在乙酉国变的时候，1645，都散失了。

此外，像华亭的陈继儒，字仲醇（1558—1639）；上海的王圻，字元翰；施大经，字天卿；宋懋澄、俞汝辑，都是沪上藏书的名家。可是明代万历以后的私家藏书，却集中在海虞方面，像赵琦美，字元度（1563—1642）的脉望馆；钱谦益，字受之（1582—1665）的绛云楼，以及毛晋，字子晋（1508—1659）的汲古阁，都在东南以藏书雄视一方的。

浙中藏书家。像乌程沈氏，嘉兴项氏，以区域而论，都限于浙西方面，浙东藏书的风气比较晚些，到了万历以后，才有山阴的祁氏淡生堂，余姚的纽氏世学楼，万氏的续钞堂。

除了范氏天一阁以外，在四明还有陈自舜，字小同（1634—1711），和陆宝，字敬身，全祖望在《七贤传》里说："黎州先生讲学甬上，小同从之，性喜储书，其储藏为天一阁之亚。"见《鲒崎亭集外编》卷十二。又在《中条陆先生墓表》里说："宝，学者称为中条先生，藏书最富，亦多善本。"见《鲒崎亭集》卷十四。

万历以后，福建出了不少的藏书家：连江陈第，字一斋

（1541—1617），有《世善堂书目》，《知不足斋丛书》本。起家京营，历官游击将军，性爱书，所藏的多半是从金陵焦太史宣州沈太史钞来，他和涿州高儒，字子醇，都是明代富于藏书的武人。可惜他的书后来都被他的夫人毁去了。

此外像陈暹，字季昭；马森，字孔养；林懋和，字惟介；谢肇淛，字在杭。这辈人都喜欢收书，后来也随即散亡了。闽县徐𤊹，字维起，和曹学佺，字能始，把持闽中的坛坫，他所藏的书有数万卷，放在《汗竹巢》里，有《汗竹斋藏书目》，他自己在《红雨楼藏书目叙》里说："壬辰、乙未、辛丑、三为吴越之游，庚子又有书林之役，乃撮其要者购之，因其未备者补之，更有罕睹难得之书，必即类以求，或因人而乞，或有朋旧见贻，或借故家钞录，积之十年，盈五万三千余卷。"看了这段话，也可以见他的苦心孤诣了。

明代建国以来，在北方的藏书家却是非常缺乏。嘉靖年间，在濮州有李廷璨，字梦弼（1474—1544），有《双桧堂书目》；在开州有晁瑮，字君石，有《宝文堂分类书目》；在涿州有高儒，有《百川书志》二十卷。在章邱有李开先，字伯华（1501—1568）。天启以后，在顺天有孙承泽，字耳伯（1592—1676）；在真定有梁清标，字玉立，在祥符有周亮工，字元亮（1612—1672）。这几人中间，李开先的藏书，甲于齐东，可是后来都散失了。得到他遗书的，最多的要算西亭王孙朱睦㮮，其次便是徐乾学和毛扆。

十八

清代《四库全书》的价值

不必谈到清代的学术和文化，就是单以搜罗的成绩而论，这部《四库全书》在这里也有一提的必要。在这部书以前的类书，像《艺文类聚》《太平御览》《韵海镜源》《佩文韵府》《永乐大典》《图书集成》这几种东西，在当时不能不说是极大的巨制，但总不能和《四库全书》并论。

《四库全书》编纂的时代，是在乾隆朝，先由《永乐大典》辑书入手，将古今所有的书籍，搜罗殆尽，其结果，许多孤本的书，赖以保存，而稍涉疑忌的书，也同时尽遭毁灭；有人说，清帝命辑这书的宗旨，是在后一个条件上面，那么，辑这书的动机，也未免太恶毒了，现在幸而还有《销毁抽毁目录》和《禁书》还流传着，所以这一点到还不发生问题。

这书全部计三万六千二百七十五册，写成共七部，编辑总监是纪昀，抄写员共用一千五百人，成书至十三年之久。现在这书只存二部半，当时虽分藏各地，然大都因兵乱受失。我且把全书的部数卷数列表在下面。

部别	类别	属别	著录部数	卷数	附录部数	卷数
经	易		一五八	一七三四	八	一二
	书		五六	六四九	二	一一
	诗		六二	九四一	一	一〇
	礼	周礼	二二	四五三		
		仪礼	二二	三四三	二	一二七
		礼记	二〇	五五六	二	一七
	·	三礼总义	六	三三		
		通礼	四	五六二		
		杂礼书	五	三五		
	春秋		一一四	一八〇一		
	孝经		一一	一七		
	五经总义		三一	六八一	一	三六
	四书		六三	七三三		
	乐		二一	四五二		
	小学	训诂	一三	一二二		
		字书	三六	四七八		
		韵书	三三	三八八		
		附录	一	二		
史	正史		三七	三七〇五		
	编年		三八	二〇六六		
	纪事本末		一七	一〇一〇		
	别史		二〇	一六〇一		
	杂史		二二	二七三		
	诏令奏议	诏令	一二	七〇〇		

（续表）

部别	类别	属别	著录部数	卷数	附录部数	卷数
		奏议	二九	七〇九		
	传记	圣贤	二	七		
		名人	一三	一一四		
		总录	三六	八一八		
		杂录	九	二一		
		别录				
	史钞		三	四八		
	载记		二二	四〇八		
	时令		二	二九		
	地理	官殿	二	一一		
		总志	七	九四一		
		都会郡县	四九	二七四六		
		河渠	二二	四七〇		
		边防	二	二四		
		山水	七	一一三		
		古迹	一四	一二四		
		杂记	二九	二二五		
		游记	三	一五		
		外记	一六	八九		
	职官	官制	一五	三〇二		
		官箴	六	一二		
	政书	通制	一九	二二九八		
		仪制	二四	九六四		
		邦计	五	五二		

（续表）

部别	类别	属别	著录部数	卷数	附录部数	卷数
		军政	四	二七一		
		法令	二	七七		
		考工	二	三五		
	目录	经籍	一一	四三三		
		金石	三六	一七六		
	史评		二二	三十八		
子	儒家		一一二	一六九二		
	兵家		二〇	一五三		
	法家		八	九四		
	农家		一〇	一九四		
	医家		九七	一五三九		
	天文算法	推步	三一	四三一		
		算书	二五	二〇八		
	术数	数学	一六	一三七		
		占候	二	一三五		
		相宅相墓	八	一七		
		占卜	五	三十		
		命书相书	一四	五三		
		阴阳五行	五	五五		
		杂技术				
	艺术	书画	七三	一〇六六		
		琴谱	三	一〇		
		篆刻	三	一二		
		杂技	四	四		

（续表）

部别	类别	属别	著录部数	卷数	附录部数	卷数
	谱录	器物	二五	二〇一		
		饮馔	一〇	一九		
		草木禽鱼	二一	一四五		
	杂家	杂学	二二	一七九		
		杂考	五七	六九四		
		杂说	八七	六三九		
		杂品	一一	八二		
		杂纂	一〇	三九四		
	类书		六七	七〇三九		
	小说	杂事	八六	五八〇		
		异闻	三二	七二五		
		琐语	五	五四		
	释家		一三	三〇二		
	道家		四四	四四二		
集	楚词		六	六四		
	别集		一一一	一五一八		
		北宋建隆至靖康	一二二	一三七〇		
		南宋建炎至德祐	二七七	四九七八		
		金元	一七五	二一一二		
		明洪武元年至崇祯	二四〇	四二五四		
		清	四二	一六一五		
	总集		一六三	九六四四		

（续表）

部别	类别	属别	著录部数	卷数	附录部数	卷数
	诗文评		六四	七三〇		
	词曲	词集	五八	一〇二		
		词选	一二	二六四		
		词话	六	二三		
		词谱词韵	二	六〇		
		南北曲	三	一七		

十九

清代藏书家的刻书

清代藏书家，尤喜刻书，最精善的，要算无锡秦氏摹宋刻的《小本九经》，其他，像纳兰成德的《通志堂经解》，卢见曾的《雅雨堂丛书》，鲍廷博的《知不足斋丛书》，孔继涵的《微波榭丛书》，卢文昭的《抱经堂汇刻书》，毕沅的《经训堂丛书》，周永年的《贷园丛书》，黄丕烈的《士礼居丛书》，钱熙祚的《守山阁丛书》，蒋光煦的《别下斋丛书》，都是很著名的，现在且将各书的目录叙述在下面：

（一）通志堂经解

1. 关于“易”的：

（1）《子夏易传》十一卷

（2）宋刘牧《易数钩隐图》三卷附《遗论九事》一卷

（3）宋张载《横渠易说》三卷

（4）宋王湜《易学》一卷

（5）宋张浚《紫岩易传》十卷

（6）宋朱震《汉上易传》十一卷，附《卦图》三卷，《丛

说》一卷

（7）宋吴沆《易璇玑》三卷

（8）宋李衡《周易义海撮要》十二卷

（9）宋沈该《易小传》六卷

（10）宋赵彦肃《复斋易说》六卷

（11）宋吕祖谦《古周易》一卷

（12）宋王宗传《童溪易传》三十卷

（13）宋林至《周易裨传》二卷

（14）宋吴仁杰《易图说》三卷

（15）宋胡方平《易学启蒙通释》二卷

（16）宋项安世《周易玩辞》十六卷

（17）宋赵汝谐《东谷翼易传》二卷

（18）宋朱元升《三易备遗》十卷

（19）宋李心传《丙子学易编》一卷

（20）宋税与权《易学启蒙小传》一卷

（21）宋林光世《水村易镜》一卷

（22）宋朱鉴《文公易说》二十三卷

（23）宋王申子《周易辑说》十卷

（24）宋董楷《周易传义附录》十四卷

（25）宋赵汝楳《周易辑闻》六卷，附《易雅》一卷，《筮宗》一卷

（26）元李简《学易记》九卷

（27）元许衡《读易私言》一卷

（28）元俞琬《大易集说》十卷

(29) 元胡一桂《周易本义》附录《纂注》十五卷

(30) 元胡一桂《周易启蒙翼传》三编，《外篇》一篇

(31) 元胡炳文《周易本义通释》十二卷

(32) 元吴澄《易纂言》十三卷

(33) 元董真卿《周易会通》十四卷

(34) 元熊良辅《周易本义集成》十二卷

(35) 元雷思斋《易图通变》五卷

(36) 元张理《易象图说》三卷

(37) 元张理《大易象数钩深图》三卷

(38) 元梁寅《周易参义》十二卷

(39) 清成德《合订删补大易集义粹言》八十卷

2. 关于“书”的：

(1) 宋薛季宣《书古文训》十六卷

(2) 宋林之奇《尚书全解》四十卷

(3) 宋程大昌《禹贡论》四卷

(4) 宋黄度《尚书说》七卷

(5) 宋时澜《增修东莱书说》三十五卷

(6) 宋王柏《书疑》九卷

(7) 宋陈大猷《书集传或问》二卷

(8) 宋傅寅《禹贡集解》二卷

(9) 宋胡士行《尚书详解》十三卷

(10) 元金履祥《尚书表注》二卷

(11) 元王天与《尚书纂传》四十六卷

(12) 元董鼎《书传》六卷

（13）元吴澄《书纂言》四卷

（14）元陈师凯《书蔡传旁通》六卷

（15）元朱祖义《尚书句解》十三卷

（16）元陈栎《书集传纂疏》六卷

（17）元黄镇成《尚书通考》十卷

（18）元王充耘《读书管见》二卷

（19）元胡一中《定正洪范》一卷

3. 关于“诗”的：

（1）唐成伯瑜《毛诗指说》一卷

（2）宋欧阳修《毛诗本义》十五卷，附《郑氏诗谱》一卷

（3）宋李樗黄櫄《毛诗集解》四十二卷

（4）宋蔡卞《毛诗名物解》二十卷

（5）宋张耒《诗说》一卷

（6）宋王柏《诗疑》二卷

（7）宋朱鉴《诗传遗说》六卷

（8）宋失名《逸斋诗补传》三十卷

（9）元许谦《毛诗名物钞》八卷

（10）元朱绰《诗经疑问》七卷

（11）明朱善《毛诗解颐》四卷

4. 关于“春秋”的：

（1）宋孙复《春秋尊王发微》十二卷

（2）宋王晳《春秋王纲论》五卷

（3）宋刘敞《春秋传》十五卷

（4）宋刘敞《春秋权衡》十七卷

（5）宋刘敞《春秋意林》二卷
（6）五代冯继先《春秋名号归一图》二卷
（7）宋王当《春秋列国臣传》三十卷
（8）宋崔子方《春秋本例》二十卷
（9）宋赵鹏飞《春秋经鉴》十六卷
（10）宋叶梦得《石林春秋传》二十卷
（11）宋陈傅良《春秋后传》十二卷
（12）宋吕祖谦《春秋集解》三十卷
（13）宋吕祖谦《春秋左氏传说》二十卷
（14）宋章冲《春秋左氏传事类始末》五卷
（15）宋陈朋通《春秋提纲》十卷
（16）宋李琪《春秋王霸列国世纪编》三卷
（17）宋黄仲炎《春秋通说》十三卷
（18）宋张洽《春秋集注》十一卷
（19）宋吕大圭《春秋或问》二十卷
（20）宋吕大圭《春秋五论》一卷
（21）宋家铉翁《春秋详说》三十卷
（22）宋徐晋卿《春秋类对赋》一卷
（23）宋孙觉《春秋经解》十五卷
（24）元齐履谦《春秋诸国统纪》六卷
（25）元程端学《春秋本义》三十卷
（26）元程端学《春秋或问》十卷
（27）元赵汸《春秋集传》十五卷
（28）元赵汸《春秋属词》十五卷

（29）元赵汸《春秋师说》三卷

（30）元赵汸《春秋左氏传补注》十卷

（31）元李廉《春秋诸传会通》二十四卷

（32）元俞皋《春秋集传释义大成》十二卷

（33）元陈深《读春秋编》十二卷

（34）明张以宁《春王正月考》二卷

5. 关于“三礼”的：

（1）宋聂崇义《三礼图》二十卷

（2）宋王与之《周礼订义》八十卷

（3）宋林希逸《考工记解》二卷

（4）宋杨复《仪礼图》十七卷

（5）宋卫湜《礼记集说》一百六十卷

（6）宋叶时《礼经会元》四卷

（7）宋郑伯谦《太平经国之书》十一卷

（8）宋傅崧卿《夏小正解》四卷

（9）元敖继公《仪礼集说》十七卷

（10）元吴澄《仪礼逸经传》一卷

（11）元汪克宽《经礼补逸》九卷

（12）清成德《礼记陈氏集说补正》三十八卷

6. 关于“孝经”的：

（1）唐元宗《孝经注解》

（2）宋司马光《孝经注解》

（3）宋范祖禹《孝经注解》

（4）元董鼎《孝经大义》一卷

（5）元吴澄《孝经定本》一卷

（6）元朱申《孝经句解》一卷

7. 关于“论语”的：

（1）宋张栻《南轩论语解》十卷

（2）宋蔡节《论语集说》十卷

8. 关于“孟子”的：

（1）宋张栻《南轩孟子说》七卷

（2）宋蔡谟《孟子集疏》十四卷

（3）宋孙奭《孟子音义》二卷

9. 关于“四书”的：

（1）宋赵顺孙《四书纂疏》二十六卷

（2）宋真德秀《四书集编》二十六卷

（3）元胡炳文《四书通》二十六卷

（4）元张存中《四书通证》六卷

（5）元詹道传《四书纂笺》二十六卷

（6）元朱公迁《四书通旨》六卷

（7）元失名《四书辨疑》十五卷

（8）元景星《学庸启蒙》一卷

10. 关于“总经解”的：

（1）唐陆德明《经典释文》三十卷

（2）宋刘敞《七经小传》三卷

（3）宋郑樵《六经奥论》六卷

（4）宋毛居正《六经正误》六卷

（5）宋熊明来《经说》七卷

（6）元何异孙《十一经问对》五卷

（7）明蒋悌生《五经蠡测》六卷

（二）雅雨堂丛书

唐李鼎祚《李氏易传》十七卷，《郑注周易》十卷，唐陆德明《易释文》一卷，《郑注尚书大传》三卷，《郑注易乾凿度》二卷，《卢辨注大戴礼记》十三卷，《高诱注战国策》三十三卷，唐颜师古《匡谬正俗》八卷，唐封演《封氏闻见记》十卷，唐王定保《唐摭言》十五卷，五代孙光宪《北梦琐言》三十卷，宋庞元英《文昌杂录》六卷，汉郑元《郑司农集》一卷，宋赵明诚《金石录》三十卷。

（三）知不足斋丛书

廷博编的计二十八集，还有廷爵的《后知不足斋丛书》，高承勋的《续知不足斋丛书》，子目过繁，一概从略了。

（四）微波榭丛书

晋杜预《春秋土地名》一卷，《春秋长历》一卷，元赵汸《春秋金锁匙》一卷，宋宋庠《国语补音》三卷，《孟子赵注》十四卷，附孙奭《音义》二卷，唐张参《五经文字》一卷，唐唐元度《九经字样》一卷。

（五）抱经堂汇刻书

《经典释文》三十卷，《考证》三十卷，《孟子音义》二

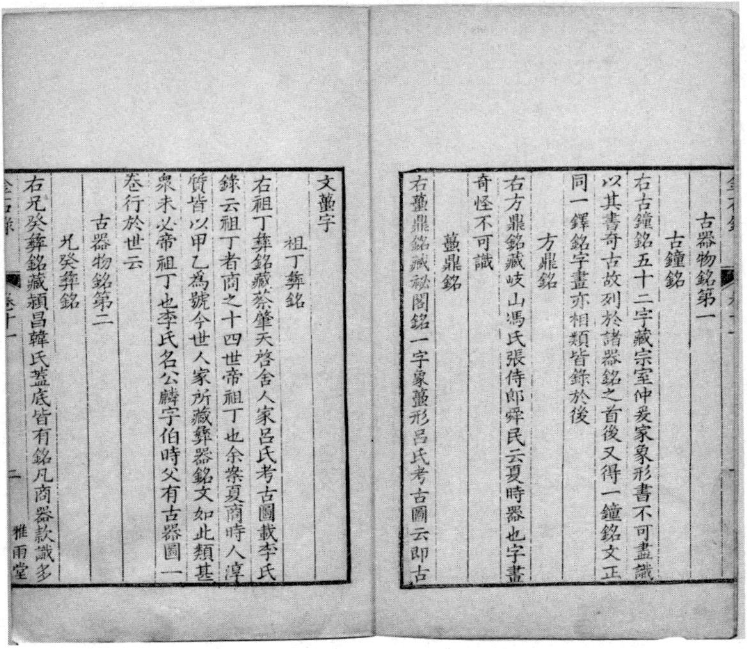
古器物銘第一
古鐘銘
右古鐘銘五十二字藏宗室仲爰家象形書不可盡識以其書奇古故列於諸器銘之首後又得一鐘銘文正同一鐸銘字畫亦相類皆錄於後
方鼎銘
右方鼎銘藏岐山馮氏張侍郎舜民云夏時器也字畫奇怪不可識
蠆鼎銘
右蠆鼎銘藏祕閣銘一字象蠆形呂氏考古圖云即古文蠆字
祖丁彝銘
右祖丁彝銘藏蔡肇天啓舍人家呂氏考古圖載李氏錄云祖丁者商之十四世帝祖丁也余案夏商時人淳質皆以甲乙爲號今世人家所藏彝器銘文如此類甚衆未必帝祖丁也李氏名公麟字伯時父有古器圖一卷行於世云
古器物銘第二
兄癸彝銘
右兄癸彝銘藏潁昌韓氏蓋底皆有銘凡商器款識多
金石錄 卷十一 二 雅雨堂

《金石录》

此书是中国最早的金石目录和研究专著之一。全书共三十卷，著录宋代金石学家赵明诚所见自上古三代至隋唐五代以来，钟鼎彝器的铭文款识和碑铭墓志等石刻文字，考订精核。此为清乾隆二十七年德州卢见曾雅雨堂刊本。

卷，《仪礼注疏详校》十七卷，《贾谊新书》十卷，《春秋繁露》十七卷，《荀子》二十卷，《白虎通》四卷，《逸周书》十卷，《方言》十三卷，《独断》二卷，《西京杂记》二卷，《颜氏家训》七卷，赵曦明注，《三水小牍》二卷，《群书拾补》三十九卷，冯景《解春文钞》十二卷，《补遗》二卷，《诗钞》二卷，《钟山札记》四卷，《龙城札记》三卷，《抱经堂文集》三十四卷。

（六）经训堂丛书

《山海经》十八卷，《夏小正考注》一卷，《老子道德经考异》上下卷，《墨子》十五卷，《目录》一卷，《三辅黄图》六卷，《补遗》一卷，王隐《晋书地道记》一卷，《晋书地理志新补正》五卷，《晋太康三年地记》一卷，《长安志》二十卷，《长安图》上中下卷，惠栋《明堂大道录》八卷，《易汉学》八卷，毕沅《关中金石记》八卷，《经典文字辨正书》五卷，《音同义异辨》一卷，《乐游联唱集》上下卷，《说文解字旧音》一卷，惠栋《禘说》上下卷，《吕氏春秋》二十六卷，《释名疏证》八卷，《补遗》一卷，《篆字释名疏证》八卷，《补遗》一卷，毕沅《中州金石记》五卷，孙星衍《晏子春秋》七卷，《音义》上下卷。

（七）贷园丛书

惠栋《九经古义》十六卷，《易例》二卷，《春秋左传补注》六卷，李文渊《左传评》三卷，江永《古晋标准》四卷，《四声切韵表》一卷，戴震《声韵考》四卷，宋曾宏父《石刻铺叙》二卷，钱大昕《凤墅残帖释文》二卷，元张养浩《三事忠告》三卷，张尔岐《蒿庵闲话》二卷，《正纛》一卷，赵执信《谈龙录》一卷。

（八）士礼居黄氏丛书

《周礼郑氏注》十二卷，《札记》一卷，《仪礼郑氏注》

十七卷，《校录》一卷，《续校》一卷，《夏小正》一卷，《校录》一卷，《集解》四卷，《国语》二十一卷，《札记》一卷，《国策》二十三篇，《札记》三卷，惠栋《两汉人物志》□卷，《梁公九谏》一卷，《與地广记》三十八卷，《札记》三卷，《汲古阁珍藏秘本书目》一卷，《季沧苇藏书目》一卷，孙庆湘《藏书纪要》一卷，庞安常《伤寒总病论》六卷，《札记》一卷，《洪氏集验方》五卷，《焦氏易林》十六卷，《博物志》十卷，《宣和遗事》二卷，《育史精华》□卷，《百宋一廛赋》一卷，《百卷一廛书录》□卷，《汪本隶释刊误》一卷，《荛言》一卷，《船山诗选》六卷，《同人唱和诗》□卷。

（九）守山阁丛书

（1）“经”部的：宋赵善誉《易说》四卷，明陈士元《易象钩解》四卷，胡渭《易图明辨》十卷，宋傅寅《禹贡说断》四卷，范家相《三家诗拾遗》十一卷，江永《周礼疑义举要》七卷，宋李如圭《仪礼释宫》一卷，江永《仪礼释例》一卷，《礼记训义释言》八卷，明高拱《春秋正旨》一卷，惠栋《左传补注》六卷，明孙瑴《古微书》三十六卷，宋余允文《尊孟辨》六卷，宋赵悳《四书笺义纂要》十三卷，江永《律吕新论》二卷，王引之《经传释词》十卷，纪容舒《唐韶考》五卷，江永《古韵标准》四卷。

（2）“史”部的：失名《三国志辨误》一卷，《宋季三朝政要》六卷，宋郭永《蜀鉴》十卷，明薛虞畿《春秋别典》

十五卷，失名《咸淳遗事》二卷，《大金吊伐录》四卷，元刘敏中，《平宋录》三卷，失名《圣正征缅录》一卷，《招捕总录》一卷，《京口尝旧传》九卷，《昭忠录》一卷，宋路振《九国志》十二卷，《拾遗》一卷，失名《越史略》三卷，宋范成大《吴郡志》五十卷附《校勘》，明姚虞《岭海舆图》一卷，宋单锷《吴中水利书》一卷，宋魏岘《四明它山水利备考》二卷，元沙克什《河防通议》二卷，宋陈舜俞《庐山记》三卷，宋释慧远《庐山纪略》一卷，宋王瓘《北道刊误志》一卷，元纳新《河朔访古记》三卷，唐释元奘《大唐西域记》十二卷，明西洋艾儒略《职方外记》五卷，明董说《七国考》十四卷，钟渊映《历代建元考》十卷，俞森《荒政丛书》十卷，宋陈傅良《历代兵制》八卷，宋翟耆年《籀史》一卷。

（3）“子”部的：宋吕祖谦《少仪外传》二卷，元谢应芳《辨惑论》四卷，唐李筌《太白阴经》十卷，宋陈规《守城录》四卷，明戚继光《练兵实纪》十五卷，宋郑克《折狱龟鉴》八卷，晋王叔和《脉经》十卷，明王九思等《难经集注》五卷，宋苏《颂新仪法要》三卷，明熊三拔《简平仪说》一卷，明李之藻《浑盖通宪图说》二卷，《园容校义》一卷，王锡阐《晓庵新法》六卷，《五经行度解》一卷，江永《数学》九卷，《推步注解》五卷，周鬼谷子李虚中《命书》三卷，穆尼阁《天步真原》三卷，宋徐子平《珞琭子三命消息赋注》二卷，宋释昙莹《珞琭子三命消息赋注》二卷，周王朴《太清神鉴》六卷，唐南卓《羯鼓录》一卷，唐段安节《乐府杂录》一卷，宋张儗《棋经》一卷，明邓玉函《奇器图说》三卷，明王征《诸器图说》一卷，周鬻熊《鬻子》一卷，附《校勘逸文》，周尹文子《尹文子》一卷，周慎到《慎子》一卷，附《逸文》，周公孙龙《公孙龙子》三卷，魏刘邵《人物志》三卷，宋李上交《近事会元》五卷附校勘，宋黄朝英《靖康缃素记》十卷，宋吴曾《能改斋漫录》十八卷，宋高似孙《纬略》十二卷，宋邢凯《坦斋通编》一卷，宋陈肪《颍川小语》二卷，宋佚名《爱日斋丛钞》五卷，元黄潜《日损斋笔记》一卷，何琇《樵香小记》，元李翀《日闻录》一卷，元王恽《玉堂嘉话》八卷，宋邓名世《古今姓氏书辨证》四十卷，唐郑处海《附校勘记明皇杂录》三卷，附《校逸文》，宋张洎《大唐传载》一卷，《贾氏谈录》一卷，宋范镇《东斋记事》六卷，宋孔平仲《续世说》十二卷，宋释文莹《玉壶野史》十卷，宋王谠《唐语林》八卷，附《校勘》，宋朱彧《萍洲可谈》三卷，附《校勘》，宋曾慥《高斋漫录》一卷，宋张知甫《张氏众书》一卷，宋陈长方《步里客谈》二卷，明陆容《东南纪闻》三卷，《菽园杂记》十五卷，唐释慧苑《华严经音义》四卷，汉班固《汉武帝内外传》一卷，附《校勘逸文》，周文口《文子》二卷，附《校勘》，宋朱子《参同契考异》一卷，宋陈显微《文始真经言外经旨》三卷。

（4）“集”部的：佚名《宋章樵注古文苑》二十卷，宋吴聿附《校勘记观林诗话》一卷，宋王正德《余师录》四卷，宋张炎《词源》二卷。

（十）别下斋丛书

元龙立夫《龙氏易传》八卷，李超孙《诗氏族考》三卷，李富孙《春秋异文释》十二卷，明曹履泰《靖海纪略》四卷，朝鲜韩百谦《箕田考》，蒋宏任《硖石山水志》一卷，李富孙《汉魏六朝墓铭举例》四卷，明王省曾《西洋朝贡典录》二卷，吴寿旸《拜经楼藏书题跋记》六卷，唐梅彪《石药尔雅》二卷，许汉霖《德星堂家订》一卷，唐刘蜕《文泉子集》一卷，宋赵鼎《得全居士词》一卷，宋胡铨《澹庵长短句》一卷，宋曹冠《燕喜词》一卷，彭孙贻《茗斋诗余》二卷，恽敬《瓯香馆集》十二卷，《补遗》一卷，《附录》一卷，明曹璿《琼花集》五卷，刘体仁《七颂堂诗释》一卷，彭孙遹《金粟词话》一卷，吕璜《古文绪论》一卷，吴德旋《论书随笔》一卷，方熏《山静居诗话》一卷，钱泰吉《曝书杂记》二卷，翁雒《小蓬海遗诗》一卷，《屑屑集》一卷，许光治《江山风月谱》一卷，《有声画》一卷。

二十

清代藏书家的盛况

当我叙述明代藏书家的时候，曾经提及虞山毛氏的历史；但在明清之交，虞山的藏书家，除了毛氏以外，还有钱氏的绛云楼，和钱氏的述古堂，此外像金陵黄氏的千顷堂，昆山徐氏的传是楼，禾中曹氏的倦圃，秀水朱氏的曝书亭，仁和赵氏的小山堂，钱塘吴氏的瓶花斋，在当时都是很著名的。

和子晋同时同里并且有同样嗜好的，是钱牧斋，名谦益，他既得了刘子咸、钱功父、杨五川、赵汝师四家的书，又购了百万卷古书，所藏，在东南没有一家能及他得来，到了中年构拂水山房，到了晚年，住在红豆山房，建起绛云楼来藏他这许多书。顺治庚寅的冬天，不幸遭了火灾，把所有的几乎都毁去了。这的确是江左书林的一个很大的厄运；所剩的，大部分是脉望馆校藏的旧本，统通拿来送给他的族孙遵王，名曾，遵王自号也是翁，对于宋本，非常喜欢，并且择选最好的，加以题跋，仿照欧氏《集古录》的办法，他叙录六百○一种书，叫做《读书敏求记》，中间对于宋元板本，书的次第完缺，以及缮写刊刻的工拙，都详细记载，鉴别得非常精密，可算是一代鉴赏的名家。康熙五六年间，他将家藏重复的宋刻，折售给季沧苇，名振宜，这样一来，虞山的藏书，忽而又渐渐转移到泰兴方面去了。

当时在江苏方面的藏书家，还有金陵黄俞邰，名虞稷，和昆山徐健庵，名乾学。俞邰是黄明立名居中的第二个儿子，本来是福建晋江人，后来他侨寓金陵，便改了上元籍，他因预修《明史》得入史馆，于是益加裒集，将他父亲的《千顷斋书目》仔细注释，成《千顷堂书目》。所著录的，多存虚目，并非具有原本，朱竹垞以为这书的原本，就是《明史艺文志稿》，所载的书，比较官撰的《明史》更加详博，所以要考明代的著述，终该以这部书为可靠的史料。健庵是顾亭林的甥，富于资财，网罗典籍，非常热心，因此江浙一带的书，都归到传是楼了。他研究《礼经》非常用功，清初的朝章典故制度，都从他那里取来，《通志堂经解》嫁名成容若，其实也他做“后台老板，”可见“欺世盗名”之技有限，而“苦心孤诣”的学者，不待别人标榜自有“千秋”的真价。

晚明的藏书家，像鄞县范氏，山阴祁氏，以及清初的郑氏二老阁，以区域而言，都限于浙东方面，和浙西没有什么关系。到了清初，才有禾中的曹洁躬，名溶；秀水的朱竹垞，彝尊；仁和的赵谷林，名昱；钱塘的吴尺凫，名焯，都以藏书著名。

乾隆以后，政治上非常安宁，于是一般学者，便有机会去研究学问，既对晚明刻书的陋弊起了一个反动，便征集了许多善本，加以校雠。这样一来，“校勘”的学问就成功一种专门的学问了。卢绍弓名文弨的校《逸周书》，顾千里名广圻的校《国语》《战国策》《韩非子》，孙渊如，名星衍，的校《孙子》《吴子》，成绩都是很好。这几个人又都以藏书相夸尚，然而论到乾嘉大藏书家，不得不推吴县黄荛圃，名丕烈；还有长沙周仲涟，名锡瓒；元和顾抱冲，名之达，吴县袁又恺，字廷檮，藏书也非常精博，当时有四大藏书家的名称。

和荛圃时代相同嗜好相同的人，除了周顾袁三氏以外，在海昌有吴槎客，名骞，和陈仲鱼，名鲈，在常熟有陈子准，名揆，和张若云，名海鹏，在福州有陈兰麟，名征芝，槎客得他乡前辈马氏道古楼和查氏得树楼的残帙，大多是宋元精椠，他把这许多书，都藏在自己所筑的拜经楼上。他知道荛圃有“百宋一廛”，就把自己所住的屋子叫做“千元十驾，”他的意思是说，千部元板，可以抵得百部宋板和“驽马十驾”一般。他的儿子寿旸，将拜经楼有题跋的书，手录成帙，叫做《题跋记》。同邑陈仲鱼，是荛圃的要好朋友，藏书在士卿堂，中间宋元雕刻的本子很多，后来都归马二槎名瀛。的吟香山馆了。

常熟陈子准，专搜集邑人的著述，和有关常邑的文字，藏在稽瑞楼上，乡人张若云和他的哥哥静谷都好藏书，他的侄儿月霄，名金吾，也善收书，而对于金元两代的遗集，搜访更勤，都藏在爱日庐里。陈张二氏的书，后来都归散失。黄荛圃的士礼居藏书，晚年归汪阆源名士钟的艺芸书舍。汪氏既搜宋元旧刻，又收周氏水月亭，顾氏小读书堆，袁氏五研屡的东西，并经荛圃千里这辈人的评定，因此他所搜罗的既精且博。道光辛亥壬子间，往往被杨至堂，名以增，得去，贮在海源阁里。

道光末年，东南有三个著名的藏书家：一个是仁和朱修伯，名学勤；一个是丰顺丁禹生，名日昌；一个是长沙袁漱六，名芳瑛，朱氏结一庐的书，都是从长洲顾氏的艺海楼和仁和劳氏的丹铅精舍得来；丁氏持静斋的书，都是从上海郁氏的宜稼堂得来；

袁氏卧雪庐的书，都是从兰陵孙氏的祠堂里得来。

同治初年，宜稼堂的书，散失得几乎没有了。所收艺芸书舍的藏书，都归海源阁所有；其它的宋元旧椠和名抄精校，都归持静斋所有；其余的精帙，都归陆氏的皕宋楼所有；可是持静斋的书，后来又分散了，现在归涵芬楼和日本所有；结一庐的书，现在归丰润张氏所有；卧雪庐的书，在光绪壬申年间散出，现在归德化李氏所有。

陆刚甫，名心源，既得到宜稼堂的书，又得到周星诒的残书，这时他备兵南韶，富于财资，因此，十五年来，得书十五万卷。他读了《亭林遗书》，非常佩服，就把堂名叫作“仪顾”，又把宋元旧椠的书放在皕宋楼上，把明后秘刻和精抄精校的书放在十万卷楼，另外在潜园里建守先阁，将寻常钞帙放在里边。变乱以后，藏书的人家都不能守，于是皕宋楼的藏书，遂雄视江南，和常熟瞿氏的铁琴铜剑楼，聊城杨氏的海源阁，钱塘丁氏的八千卷楼，称四大藏书家。刚甫死了以后，他的儿子纯伯名树藩，得十一万八千元的代价，将所有的书都售给日人岩崎氏的静嘉堂文库，丁氏八千卷楼的书，在宣统初年归金陵江南图书馆所有，现在还存在的只有南瞿北杨二家。

光绪中叶以后，藏书家像吴县潘伯寅，名祖荫；常熟翁叔平，名同龢；宗室盛伯希名昱；江阴缪筱珊，名荃孙；元和江建霞，名标，也都有名。现在间有几家已经散失了。到了现代，像江安傅氏，增湘，德化李氏，盛铎，武进董氏，康，长沙叶氏，德辉，乌程张氏，钧衡，上元邓氏邦述，都可和瞿、杨所藏的互相发明，叶氏遭长沙变乱戕命，他的子侄颇能保守旧业，邓氏的书现在归国立中央研究院所有了。

附　录

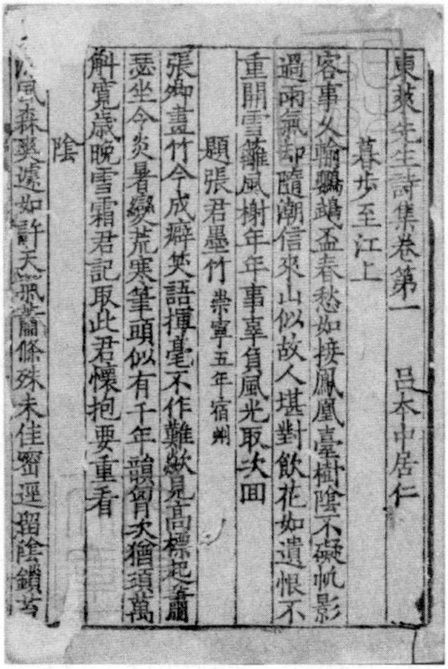
東萊先生詩集卷第一　　呂本中居仁
暮步至江上
客事久輸鸚鵡盃春愁如接鳳凰臺樹陰不礙帆影
過雨氣却隨潮信來山似故人堪對飲花如遺恨不
重開雪籬風榭年年事辜負風光取次回
題張君墨竹崇寧五年宿州
張侯畫竹今成癖英語揮毫不作難欲見高標起嵐
瑟坐令炎暑變荒寒筆頭似有千年韻胸次猶須萬
斛寬歲晚雪霜君記取此君標抱要重看
陰
風森爽遠如許天然蕭條殊未佳留遲留陰鎖苔

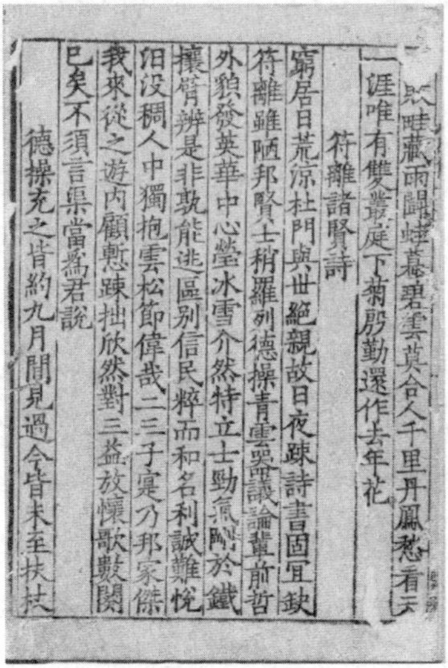
眠畦藏雨鬧蛙暮碧雲莫合人千里丹鳳愁看云
一涯唯有雙叢庭下菊殷勤還作去年花
符離諸賢詩
窮居日荒涼杜門與世絕親故日夜疎詩書固宜缺
符離雖陋邦賢士稍羅列德操青雲器議論輩前哲
外貌發英華中心瑩冰雪介然特立士勁氣陋於鐵
攘臂辨是非孰能逃區別信民粹而和名利誠難悅
汩沒稠人中獨抱雲松節偉哉二三子寔乃邦家傑
我來從之遊內顧慙疎拙欣然對三益放懷歌數闋
已矣不須言渠當爲君說
德操充之皆約九月間見過今皆未至扶杖

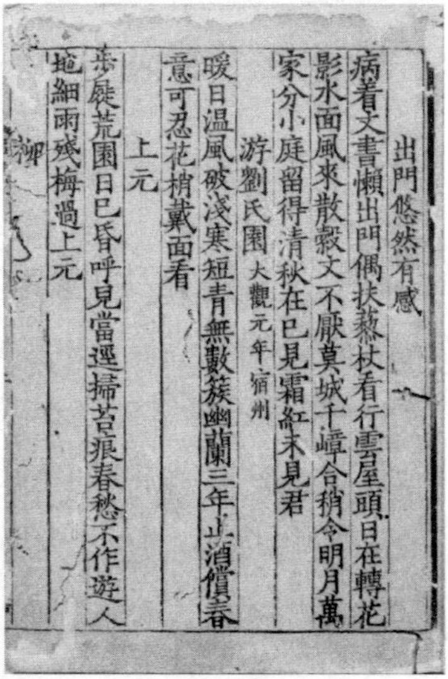
出門悠然有感
病着文書懶出門偶扶藜杖看行雲屋頭日在轉花
影水面風來散縠文不厭莫城千嶂合稍令明月萬
家分小庭留得清秋在已見霜紅未見君
游劉氏園大觀元年宿州
暖日溫風破淺寒短青無數簇幽蘭三年止酒償春
意可忍花梢戴面看
上元
步屧荒園日已昏呼兒當遲掃苔痕春愁不作遊人
地細雨殘梅過上元

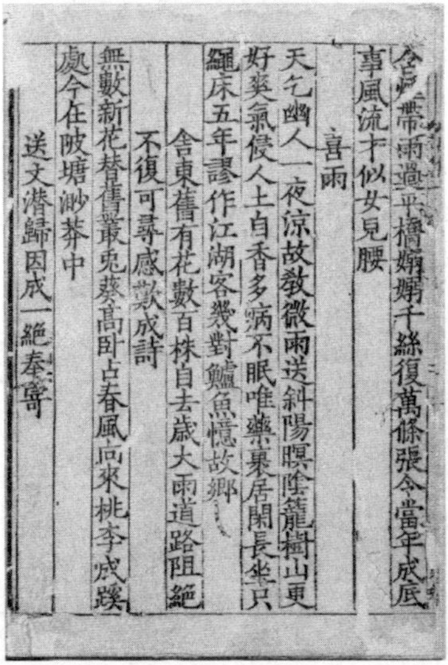
舍帶雨過平橋嫋嫋千絲復萬條張令當年成底
事風流卞似女兒腰
喜雨
天乞幽人一夜涼故教微雨送斜陽暝陰籠樹山更
好爽氣侵人土自香多病不眠唯藥裹居閑長坐只
繩床五年謾作江湖客幾對鱸魚憶故鄉
舍東舊有花數百株自去歲大雨道路阻絕
不復可尋感歎成詩
無數新花替舊叢兎葵高卧占春風向來桃李成蹊
處今在陂塘渺莽中
送文潛歸因成一絕奉寄

《东莱先生诗集》吕本中著，南宋乾道初，沈公雅编刻

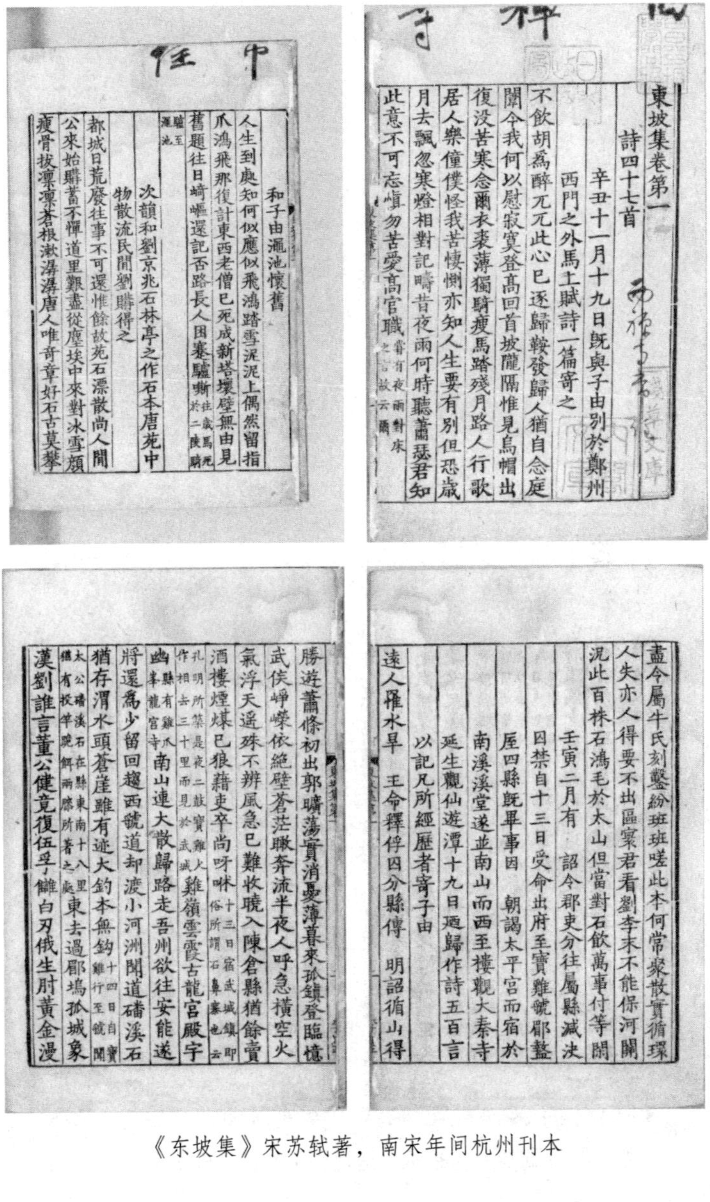

東坡集卷第一
詩四十七首
辛丑十一月十九日既與子由別於鄭州
西門之外馬上賦詩一篇寄之
不飲胡爲醉兀兀此心已逐歸鞍發歸人猶自念庭
闈今我何以慰寂寞登高回首坡隴隔惟見烏帽出
復沒苦寒念爾衣裘薄獨騎瘦馬踏殘月路人行歌
居人樂僮僕怪我苦悽惻亦知人生要有別但恐歲
月去飄忽寒燈相對記疇昔夜雨何時聽蕭瑟君知
此意不可忘愼勿苦愛高官職（嘗有夜雨對床之言故云爾）

和子由澠池懷舊
人生到處知何似應似飛鴻踏雪泥泥上偶然留指
爪鴻飛那復計東西老僧已死成新塔壞壁無由見
舊題往日崎嶇還記否路長人困蹇驢嘶（往歲馬死於二陵騎驢至澠池）
次韻和劉京兆石林亭之作石本唐苑中
物散流民間劉購得之
都城日荒廢往事不可還惟餘故苑石漂散尚人間
公來始購蓄不憚道里艱盡從塵埃中來對冰雪顔
瘦骨拔凜凜蒼根漱潺潺唐人唯奇章好石古莫攀

盡令屬牛氏刻鑿紛班班嗟此本何常聚散實循環
人失亦人得要不出區寰君看劉李末不能保河關
況此百株石鴻毛於太山但當對石飲萬事付等閑
壬寅二月有　詔令郡吏分往屬縣減決
囚禁自十三日受命出府至寶雞虢郿盩
厔四縣既畢事因　朝謁太平宮而宿於
南溪溪堂遂並南山而西至樓觀大秦寺
延生觀仙遊潭十九日廼歸作詩五百言
以記凡所經歷者寄子由
遠人罹水旱　王命釋俘囚分縣傳　明詔循山得

勝遊蕭條初出郭曠蕩實消憂薄暮來孤鎮登臨憶
武侯崢嶸依絕壁蒼茫瞰奔流半夜人呼急橫空火
氣浮天遥殊不辨風急已難收曉入陳倉縣猶餘賣
酒樓煙煤已狼藉吏卒尚呀咻（十三日宿武城鎮即俗所謂石鼻寨也云孔明所築是夜二鼓寶雞火作相去三十里而見於武城）雞嶺雲霞古龍宮殿宇
幽（縣有雞爪峯龍宮寺）南山連大散歸路走吾州欲往安能遂
將還爲少留回趨西虢道却渡小河洲聞道磻溪石
猶存渭水頭蒼崖雖有迹大鈞本無鈎（十四日自寶雞行至虢聞太公磻溪石在縣東南十八里有投竿跪餌兩膝所著之處）東去過郿塢孤城象
漢劉誰言董公健竟復伍孚讎白刃俄生肘黃金漫

《东坡集》宋苏轼著，南宋年间杭州刊本

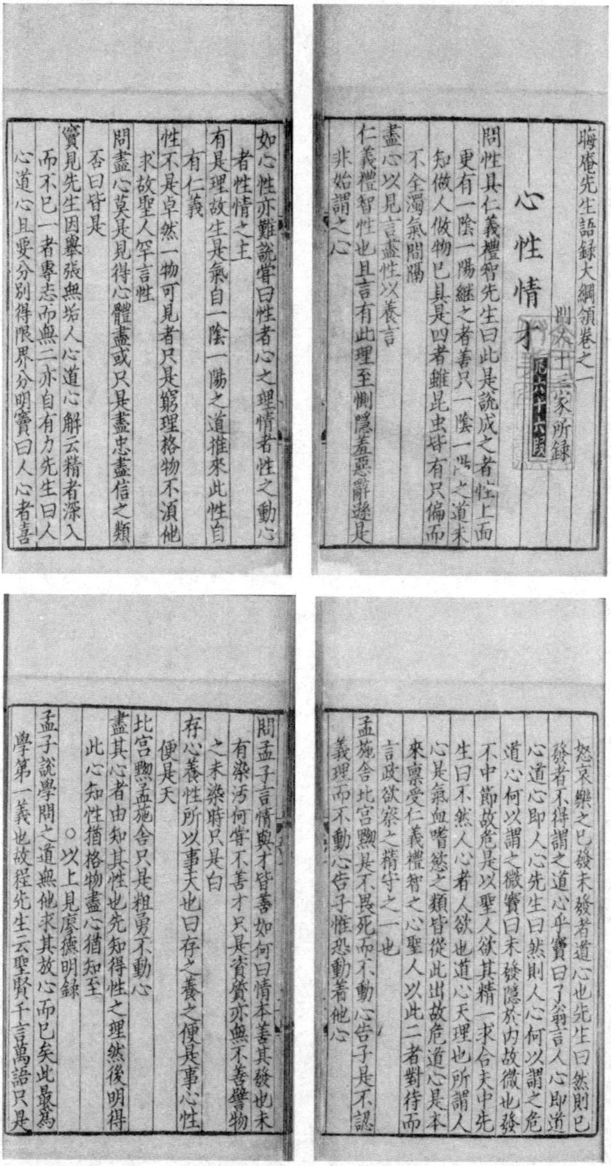

晦庵先生語録大綱領卷之一
閩人士三家所録
心性情才
問性具仁義禮智先生曰此是說成之者性上面
更有一陰一陽繼之者善只一陰一陽之道未
知做人做物已具是四者雖昆虫皆有只偏而
不全濁氣間隔
盡心以見言盡性以養言
仁義禮智性也且言有此理至惻隱羞惡辭遜是
非始謂之心

如心性亦難說嘗曰性者心之理情者性之動心
者性情之主
有是理故生是氣自一陰一陽之道推來此性自
有仁義
性不是卓然一物可見者只是窮理格物不須他
求故聖人罕言性
問盡心莫是見得心體盡或只是盡忠盡信之類
否曰皆是
竇見先生因舉張無垢人心道心解云精者深入
而不已一者專志而無二亦自有力先生曰人
心道心且要分別得限界分明竇曰人心者喜

怒哀樂之已發未發者道心也先生曰然則已
發者不得謂之道心乎竇曰了翁言人心即道
心道心即人心先生曰然則人心何以謂之危
道心何以謂之微竇曰未發隱於內故微也發
不中節故危是以聖人欲其精一求合夫中先
生曰不然人心者人欲也道心天理也所謂人
心是氣血嗜慾之類皆從此出故危道心是本
來稟受仁義禮智之心聖人以此二者對待而
言政欲察之精守之一也
孟施舍北宮黝是不畏死而不動心告子是不認
義理而不動心告子惟恐動着他心

問孟子言情與才皆善如何曰情本善其發也未
有染汚何嘗不善才只是資質亦無不善譬物
之未染時只是白
存心養性所以事天也曰存之養之便是事心性
便是天
北宮黝孟施舍只是粗勇不動心
盡其心者由知其性也先知得性之理然後明得
此心知性猶格物盡心猶知至
○以上見廖德明録
孟子說學問之道無他求其放心而已矣此最為
學第一義也故程先生云聖賢千言萬語只是

《晦庵先生语录大纲领》朱熹撰，宋刻本

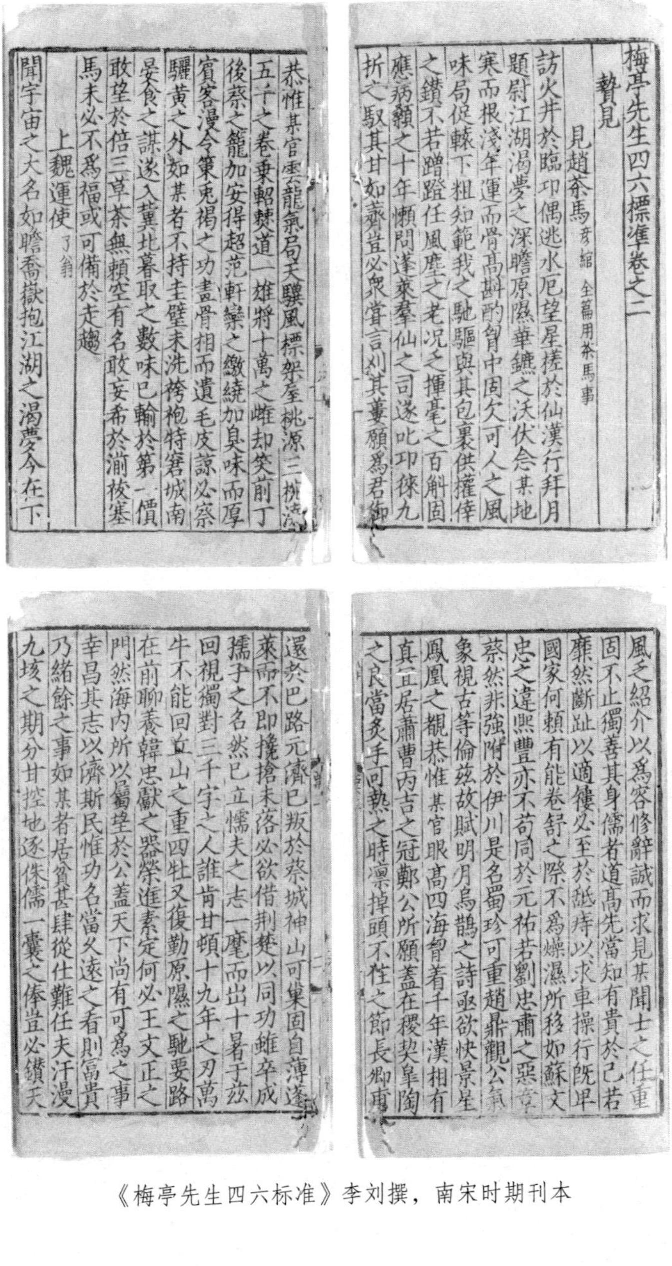
梅亭先生四六標準卷之二
贄見
見趙茶馬 彥縮 全篇用茶馬事
訪火井於臨邛偶逃水厄望星槎於仙漢行拜月
題尉江湖渴夢之深瞻原隰華鑣之沃伏念某地
寒而根淺年運而骨高斟酌胸中固欠可人之風
味局促轅下粗知範我之馳驅與其包裹供擢倖
之鑽不若蹭蹬任風塵之老況乏揮毫之百斛固
應病頼之十年懶問蓬萊羣仙之司遂叱邛徠九
折之馭其甘如薺豈必衆賞言刈其蔓願爲君御

風之紹介以爲容修辭誠而求見某聞士之任重
固不止獨善其身儒者道高先當知有貴於己若
靡然斷趾以適屨必至於舐痔以求車操行既卑
國家何頼有能卷舒之際不爲燥濕所移如蘇文
忠之違熙豐亦不茍同於元祐若劉忠肅之惡章
蔡然非強附於伊川是名蜀珍可重趙鼎觀公氣
象視古等倫茲故賦明月烏鵲之詩亟欲快景星
鳳凰之覩恭惟某官眼高四海胸着千年漢相有
真宜居蕭曹丙吉之冠鄭公所願蓋在稷契皐陶
之良當炙手可熱之時凜掉頭不住之節長卿甫

恭惟某官雲龍氣局天驥風標架壑桃源三桃流
五千之卷秉軺棘道一雄將十萬之雌却笑前丁
後蔡之籠加安得超范軒欒之繳繞加臭味而厚
賓客漫令策兎褐之功盡骨相而遺毛皮諒必察
驪黃之外如某者不持圭璧未洗袴袍特窘城南
晏食之謀遂入冀北暮取之數味已輸於第一價
敢望於倍三草茶無頼空有名敢妄希於湔祓塞
馬未必不爲福或可備於走趨
上魏運使 了翁
聞宇宙之大名如瞻喬嶽抱江湖之渴夢今在下

還於巴路元濟已叛於蔡城神山可巢固自薄蓬
萊而不即攙搶未落必欲借荆楚以同功雖卒成
孺子之名然已立懦夫之志一麾而出十暑于茲
回視獨對三千字之人誰肯甘頓十九年之刃萬
牛不能回立山之重四牡又復勤原隰之馳要路
在前聊養韓忠獻之器榮進素定何必王文正之
門然海內所以屬望於公蓋天下尚有可爲之事
幸昌其志以濟斯民惟功名當久遠之看則富貴
乃緒餘之事如某者居貧甚肆從仕難任夫汗漫
九垓之期分甘控地遂侏儒一囊之俸豈必鑽天

《梅亭先生四六标准》李刘撰，南宋时期刊本

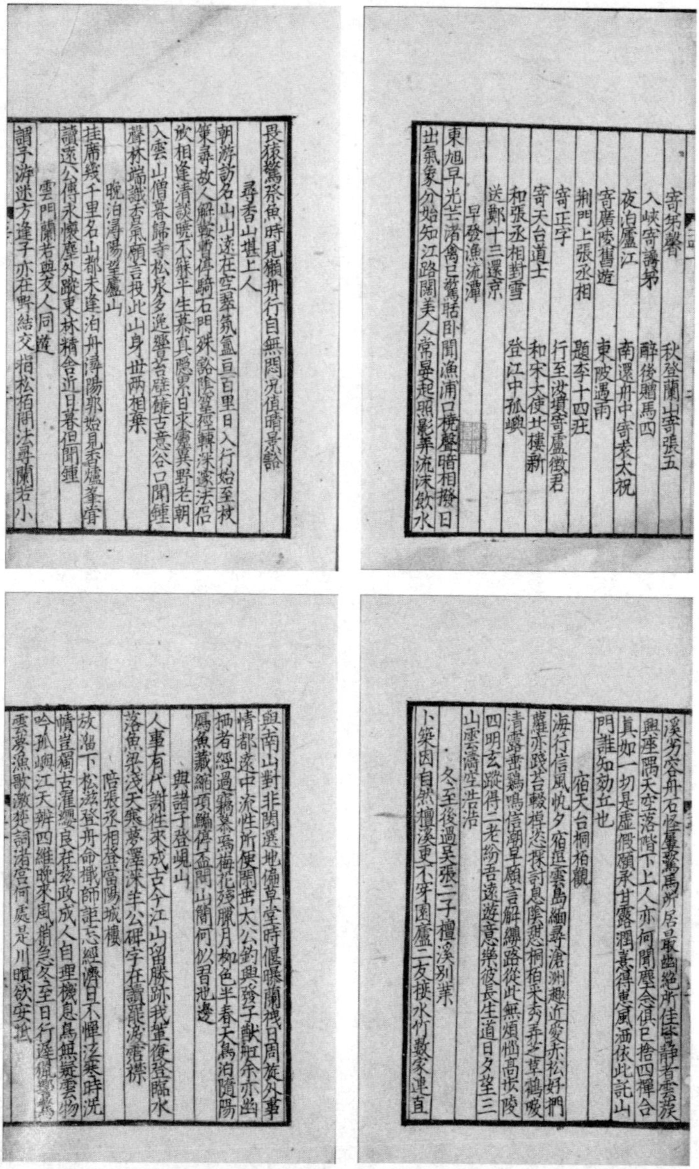

寄弟邕　秋登蘭山寄張五
入峽寄弟　醉後贈馬四
夜泊廬江　南還舟中寄袁太祝
寄廣陵舊遊　東陂遇雨
荊門上張丞相　題李十四莊
寄正字　行至汝墳寄盧徵君
寄天台道士　和宋大使北樓新
和張丞相對雪　登江中孤嶼
送鄭十三還京
早發漁浦潭
東旭早光芒渚禽已驚聒臥聞漁浦口橈聲暗相撥日
出氣象分始知江路闊美人常晏起照影弄流沫飲水

畏猿驚猝魚時見獺舟行自無悶況值晴景豁
尋香山湛上人
朝游訪名山山遠在空翠氛氳亘百里日入行始至杖
策尋故人解鞍暫停騎石門殊豁險篁徑轉森邃法侶
欣相逢清談曉不寐平生慕真隱累日求靈異野老朝
入雲山僧暮歸寺松泉多逸響苔壁饒古意谷口聞鐘
聲林端識香氣願言投此山身世兩相棄
晚泊潯陽望廬山
挂席幾千里名山都未逢泊舟潯陽郭始見香爐峰嘗
讀遠公傳永懷塵外蹤東林精舍近日暮但聞鐘
雲門蘭若與友人同遊
謂予游迷方逢子亦在野結交指松柏問法尋蘭若小

溪劣容舟石怪屢驚馬所居最幽絕所住皆靜者雲簇
興座隅天空落階下上人亦何聞塵念俱已捨四禪合
真如一切是虛假願承甘露潤喜得惠風灑依此託山
門誰知効丘也
宿天台桐柏觀
海行信風帆夕宿逗雲島緬尋滄洲趣近愛赤松好捫
蘿亦踐苔輟棹恣探討息陰憩桐柏采秀弄芝草鶴唳
清露垂雞鳴信潮早願言解纓絡從此無煩惱高步陵
四明玄蹤得二老紛吾遠遊意樂彼長生道日夕望三
山雲濤空浩浩
冬至後過吳張二子檀溪別業
卜築因自然檀溪更不穿園廬二友接水竹數家連直

與南山對非關選地偏草堂時偃曝蘭枻日周旋外事
情都遠中流性所便閑垂太公釣興發子猷船余亦幽
棲者經過竊慕焉梅花殘臘月柳色半春天鳥泊隨陽
鴈魚藏縮項鯿停杯問山簡何似習池邊
與諸子登峴山
人事有代謝往來成古今江山留勝跡我輩復登臨水
落魚梁淺天寒夢澤深羊公碑字在讀罷淚霑襟
陪張丞相登當陽城樓
放溜下松滋登舟命檝師詎忘經濟日不憚泛寒時況
情豈獨古濯纓良在茲政成人自理機息鳥無疑雲物
吟孤嶼江天辨四維晚來風稍急冬至日行遲獵響驚
雲夢漁歌激楚詞渚宮何處是川暝欲安祗

《孟浩然诗集》南宋中叶蜀刻唐六十家集本

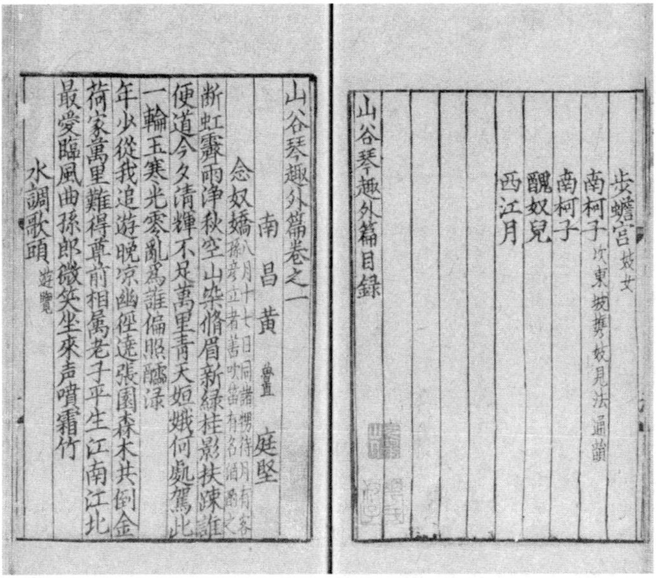

步蟾宫 妓女
南柯子 次東坡舞妓見法通韻
南柯子
醜奴兒
西江月

山谷琴趣外篇目錄

山谷琴趣外篇卷之一
南昌黄 魯直 庭堅
念奴嬌 八月十七日同諸甥待月有客孫彥立者善吹笛有名酒酌之
断虹霽雨淨秋空山染脩眉新綠桂影扶疏誰
便道今夕清輝不足萬里青天姮娥何處駕此
一輪玉寒光零亂爲誰偏照醽醁
年少從我追遊晚凉幽徑遶張園森木共倒金
荷家萬里難得尊前相屬老子平生江南江北
最愛臨風曲孫郎微笑坐來声噴霜竹
水調歌頭 遊覽

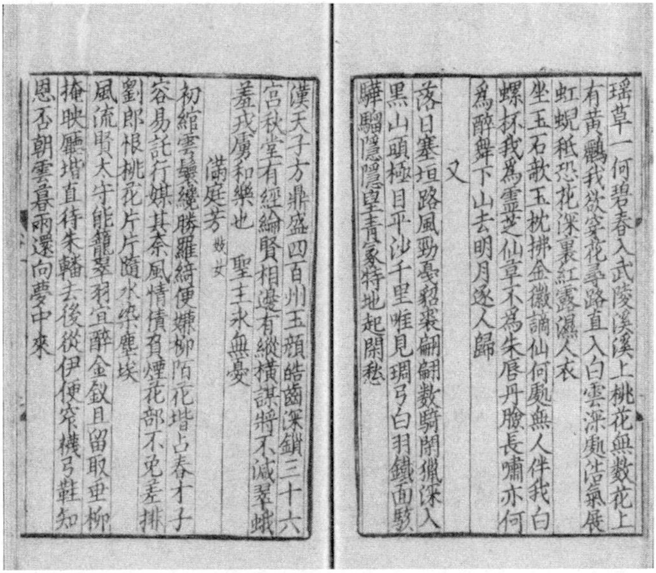

瑶草一何碧春入武陵溪溪上桃花無數花上
有黄鸝我欲穿花尋路直入白雲深處浩氣展
虹蜺秖恐花深裏紅露濕人衣
坐玉石欹玉枕拂金徽謫仙何處無人伴我白
螺杯我爲靈芝仙草不爲朱唇丹臉長嘯亦何
爲醉舞下山去明月逐人歸
又
落日塞垣路風勁戛貂裘翩翩数騎閑獵深入
黑山頭極目平沙千里唯見琱弓白羽鐵面駿
驊騮隱隱望青冢特地起閑愁

漢天子方鼎盛四百州玉顔皓齒深鎖三十六
宫秋堂有經綸賢相邊有縱横謀將不減翠蛾
羞戎虜和樂也 聖主永無憂
滿庭芳 妓女
初綰雲鬟纔勝羅綺便嫌柳陌花街占春才子
容易託行媒其奈風情債負煙花部不免差排
劉郎恨桃花片片隨水染塵埃
風流賢太守能籠翠羽宜醉金釵且留取垂柳
掩映廳堦直待朱轓去後從伊便窄襪弓鞋知
恩否朝雲暮雨還向夢中來

《山谷琴趣外篇》黄庭坚撰，南宋刻本

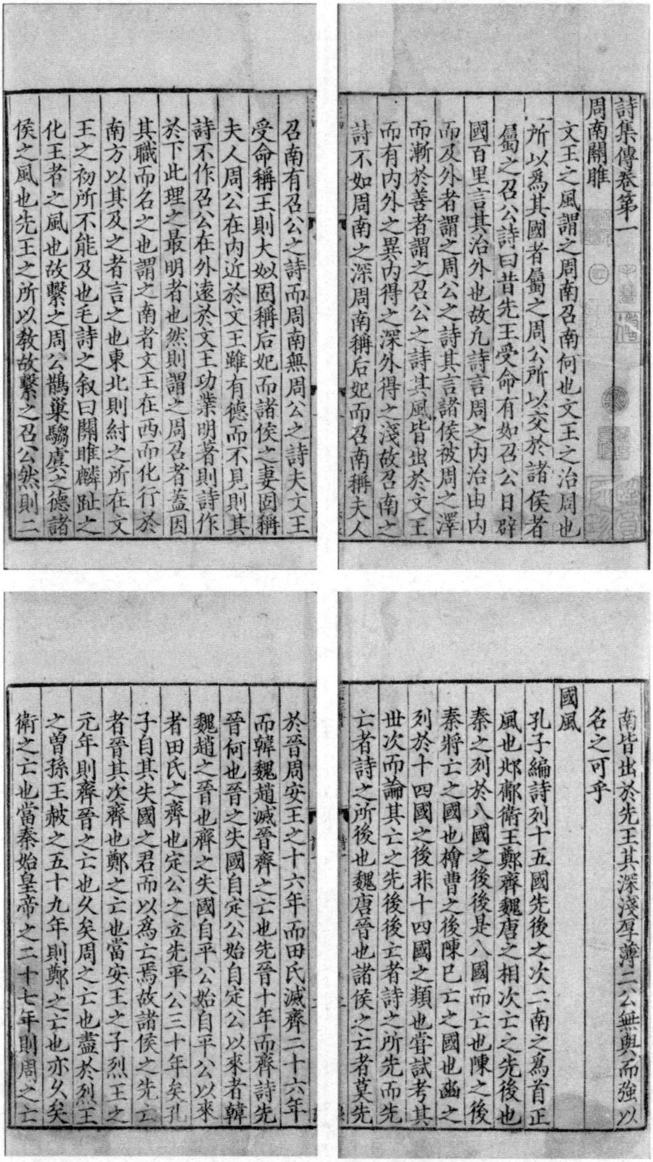
詩集傳卷第一
周南關雎
文王之風謂之周南召南何也文王之治周也所以為其國者屬之周公所以交於諸侯者屬之召公詩曰昔先王受命有如召公日辟國百里言其治外也故凡詩言周之内治由内而及外者謂之周公之詩其言諸侯被周之澤而漸於善者謂之召公之詩其風皆出於文王而有内外之異内得之深外得之淺故召南之詩不如周南之深周南稱后妃而召南稱夫人召南有召公之詩而周南無周公之詩夫文王受命稱王則大姒固稱后妃而諸侯之妻固稱夫人周公在内近於文王雖有德而不見則其詩不作召公在外遠於文王功業明著則詩作於下此理之最明者也然則謂之周召者蓋因其職而名之也謂之南者文王在西而化行於南方以其及之者言之也東北則紂之所在文王之初所不能及也毛詩之叙曰關雎麟趾之化王者之風也故繫之周公鵲巢騶虞之德諸侯之風也先王之所以教故繫之召公然則二南皆出於先王其深淺厚薄二公無與而強以名之可乎
國風
孔子編詩列十五國先後之次二南之為首正風也邶鄘衛王鄭齊魏唐之相次亡之先後也秦之列於八國之後後是八國而亡也陳之後秦將亡之國也檜曹之後陳已亡之國也豳之列於十四國之後非十四國之類也嘗試考其世次而論其亡之先後亡者詩之所先而先亡者詩之所後也魏唐晉也諸侯之亡者莫先於晉周安王之十六年而田氏滅齊二十六年而韓魏趙滅晉齊之亡也先晉十年而齊詩先晉何也晉之失國自定公始自定公以來者韓魏趙之晉也齊之失國自平公始自平公以來者田氏之齊也定公之立先平公三十年矣孔子自其失國之君而以為亡焉故諸侯之先亡者晉其次齊也鄭之亡也當安王之子烈王之元年則齊晉之亡也久矣周之亡也盡於烈王之曾孫王赧之五十九年則鄭之亡也亦久矣衛之亡也當秦始皇帝之二十七年則周之亡

《诗集传》苏辙著，南宋淳熙七年苏诩筠州公使库刻本

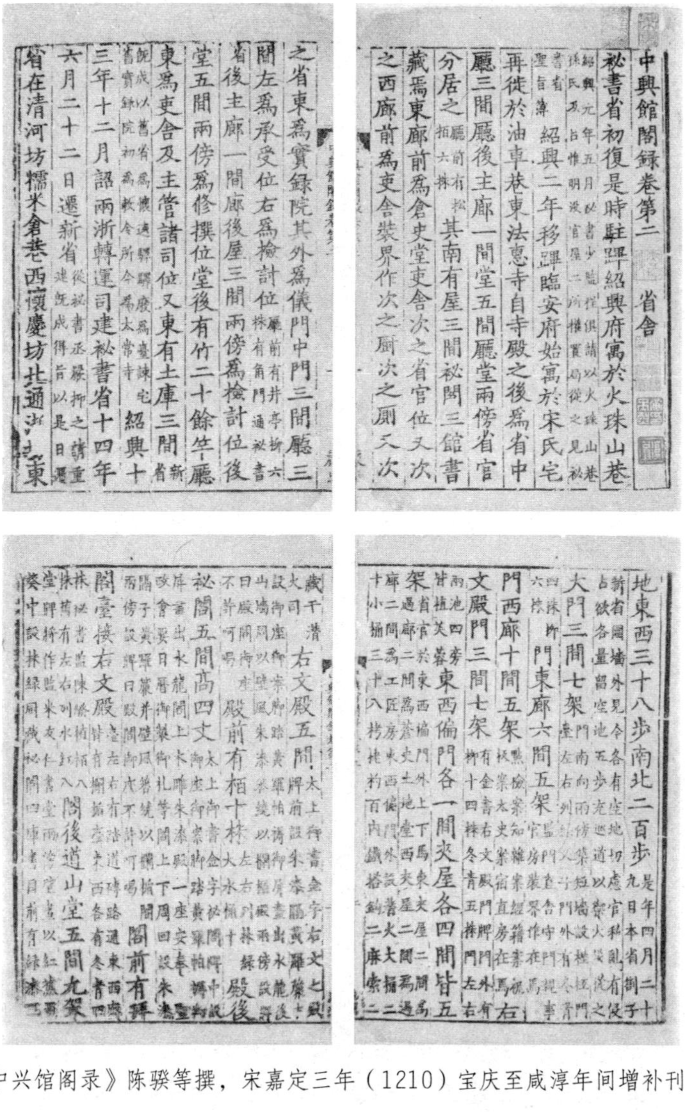

中興館閣録卷第二　省舍

祕書省初復是時駐蹕紹興府寓於火珠山巷（紹興元年五月祕書少監程俱請以火珠山巷孫氏及占惟明沒官屋二所權置局從之見祕書省聖旨簿）紹興二年移蹕臨安府始寓於宋氏宅再徙於油車巷東法惠寺自寺殿之後爲省中廳三間廳後主廊一間堂五間廳堂兩傍省官分居之（廳前有松柏六株）其南有屋三間祕閣三館書藏焉東廊前爲倉史堂吏舍次之省官位又次之西廊前爲吏舍裝界作次之廚次之廁又次

之省東爲實録院其外爲儀門中門三間廳三間左爲承受位右爲檢討位（廳前有井亭折六株有角門通祕書）省後主廊一間廊後屋三間兩傍爲檢討位後堂五間兩傍爲修撰位堂後有竹二十餘竿廳東爲吏舍及主管諸司位又東有土庫三間（新省既成以舊省爲懷遠驛驛廢爲臺諫宅舊實録院初爲敕令所今爲太常寺）紹興十三年十二月詔兩浙轉運司建祕書省十四年六月二十二日遷新省（從祕書丞嚴抑之請重建既成得旨以是日遷）省在清河坊糯米倉巷西懷慶坊北通浙江東

地東西三十八步南北二百步（是年四月二十九日本省劄子新省圍墻外見今各有空地切慮官私亂有侵占欲各量留空地五步充巡道以禦火災從之）大門三間七架（門南向兩傍築短墻[illegible]臺左右列[illegible]四株六株柳）門東廊六間五架（[illegible]）門西廊十間五架（[illegible]）文殿門三間七架（有金書右文殿門牌門外有柳十四株冬青五株門左右[illegible]兩池四旁皆植芙蓉）東西偏門各一間夾屋各四間皆五架（省官於東西偏門外上下馬東夾屋二間爲過廊二間爲[illegible]土地堂西夾屋二間爲[illegible]廊二間爲工匠房東西偏門外[illegible]十小[illegible]三十八[illegible]百內鐵搭鉤二麻索二）

[illegible]右文殿五間（[illegible]）殿前有栢十株（[illegible]）殿後祕閣五間高四丈（[illegible]）閣前有[illegible]閣臺接右文殿（[illegible]）閣後道山堂五間九架（[illegible]）

《中兴馆阁录》陈骙等撰，宋嘉定三年（1210）宝庆至咸淳年间增补刊本

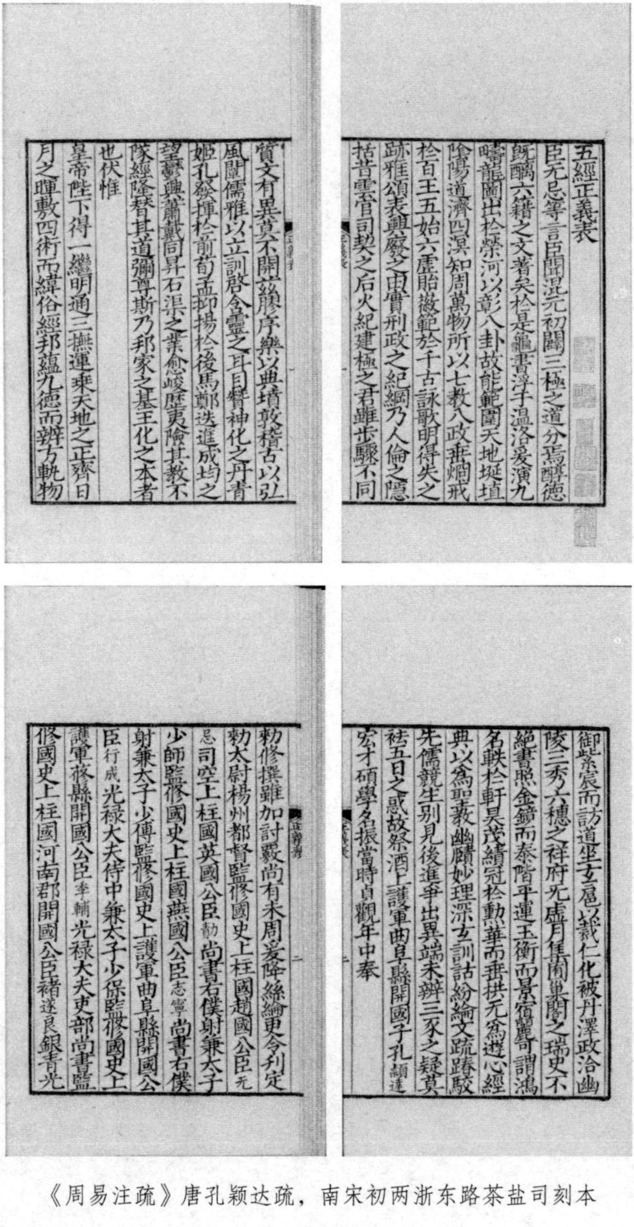

《周易注疏》唐孔颖达疏，南宋初两浙东路茶盐司刻本